쉽게 배우는 생활한문

쉽게 배우는 생활한문

초판 1쇄 인쇄 2006년 2월 25일
초판 1쇄 발행 2006년 2월 28일

지은이 강창구 · 박완호 · 송행근 · 오길룡 · 장남희 · 조준희
펴낸이 조윤숙
펴낸곳 문자향
신고번호 제300-2001-48호
주소 서울 서대문구 남가좌동 124-313 / 2층
전화 02-303-3491
팩스 02-303-3492
이메일 munjahyang@korea.com

값 11,000원
ISBN 89-90535-25-5 03710

쉽게 배우는 생활한문

강창구 · 박완호 · 송행근 · 오길룡 · 장남희 · 조준희

문자향

序文 **머리말**

　최근 한자에 대한 관심과 그 효용은 나날이 높아지고 있다. 이는 우리 언어생활에서 한자가 차지하는 비중이 70%가 될 정도로 그 비중이 크기 때문이기도 하지만, 한자를 바탕으로 이루어진 한자문화권이 동양문화를 이해하는 기초가 되고, 우리 선현들의 빛나는 정신과 숨결을 이해할 수 있는 원동력이 되기 때문이다. 특히 우리 조상들은 오랫동안 한漢민족들과 교류하면서 한자를 수용하여 문예창작이나 역사, 생활의 일기에 이르기까지 매우 훌륭한 한자문화를 창조해냈다.

　더욱이 21세기에 와서 중국이 세계무대의 중심으로 도약, 세계 각국의 오리엔탈리즘의 가치 인정, 동양의 사상에 대한 서양의 인식 변화 등은 국제무대에서의 한자에 대한 관심과 그 수요가 증가되고 있다.

　이런 경향에 따라 대학입시에서 어느 정도의 한자능력(1급~4급)을 갖추면 국가자격 취득자와 동등한 대우 및 혜택을 주거나, 대입에 있어 특별전형을 할 수 있는 제도를 시행하고 있다. 또 대학 졸업생 가운데 절반 이상이 부모 이름을 한자로 못 쓰고, 출신 대학 명칭을 쓸 수 있는 사람이 약 28%, 자신의 전공학과를 한자로 쓸 수 있는 사람이 약 26%에 불과하다는 통계가 나올 정도로 한자능력이 현저하게 낮아 대학강의를 제대로 이해할 수 없는 상황이 발생되자, 대학에서는 한자교육을 강화하여 어느 정도의 한자실력을 갖추지 못하면 졸업을 시키지 않는 것을 제도화하고 있다. 더욱이 대기업에서는 국제무대의 변화에 적응하기 힘들고 한자를 알지 못하는 데 따른 업무 수행능력이 떨어진다 하여 한자능력을 검증하여 입사시키려는 적극적인 의지를 보이고 있다.

이 책의 구성은 다음과 같은 특징을 갖추었다.

1. 우리 일상생활에 자주 쓰이는 주제한자와 시사한자를 익히도록 하였다.
2. 기본적인 한문을 익힐 수 있도록 명구 · 명언과 고사성어를 수록하였다.
3. 부수를 이용한 기초한자(1,800자)를 익히도록 하였다.

끝으로 한자를 익혀 실제의 언어생활에서 바르게 사용하고, 한자자격증 취득이나 각종 공무원 시험이나 기타 시험에 합격하는 데 큰 도움이 되며, 나아가 이를 바탕으로 선인들의 정신적 유산이라고 할 한문고전을 독해할 수 있는 기초능력을 향상시킬 수 있으면 한다.

2006년 입춘
저자 일동

목차
目次

1. 한자란 무엇인가?

漢한자란 무엇인가?

1) 漢字의 기원과 발전

漢字가 언제 어떻게 만들어졌는지는 확실하지 않다. 한자는 한민족의 사이에 발생하여 수천 년 동안 그 자형字形이 바뀌고, 발음이나 의미도 변하여 오늘날에 이른 것이다. 한자의 기원에 대해서는 다음과 같이 여러 설이 있다.

(1) 결승설結繩說

결승結繩은 여러 가지 끈으로 매듭을 지어 사건을 기록하는 방법이다. 즉, 끈이나 새끼를 이용하여 많은 일을 기억하는 데 도움을 주고, 여러 가지 다른 색깔의 끈으로 서로 다른 사건을 기록할 수 있었다. 이 방법은 문자가 없는 여러 민족들과 문자가 있는 사회에서도 글자를 쓸 수 없는 민족들이 사용하였으며, 결승의 크기나 수효, 여러 색깔, 서로 다른 위치를 이용하여 상호간의 뜻을 표현하였다.

(2) 팔괘설八卦說

팔괘八卦는 원시 사회인 구석기시대 후기에 창조된 것이다. 전설에 의하면 복희씨伏犧氏가 만들었다고 한다. 그는 ━와 ╌╌

를 기본 부호로 팔괘를 만들었는데, 8가지 부호는 "천天·지地·뇌雷·산山·화火·수水·택澤·풍風"의 자연현상을 각각 대표하고 상징한다. 팔괘는 이 여덟 가지에 대응시키고 있는데, 그것의 명칭은 건乾·곤坤·진震·간艮·리離·감坎·태兌·손巽이다.

〈복희씨〉

(3) 갑자설甲子說

『갈관자鶡冠子』「근질편近迭篇」에, "창힐蒼頡이 글자를 만들 때 甲子의 법칙을 따랐다"고 하였다. 甲子는 대개 천간天干과 지지地支를 가리키는데, 甲은 10천간의 첫머리이고, 子는 12지지의 첫머리이다. 옛사람들은 이것을 사용하여 연·월·일과 시간의 순서를 표시하였다.

〈창힐〉

(4) 하도낙서설河圖洛書說

『주역周易』「계사상系辭上」에, "황하에서 그림이 나오고 낙수

에서 글이 나와 성인이 이를 본받았다"고 하였다. 황하의 어룡
魚龍이 '도圖'를 바치고 낙수에서 영귀靈龜가 '서書'를 바쳤다
는 이 신화는 서書와 화畵가 똑같은 근원이라는 고대인의 관념
을 반영하고 있으나, 하도낙서河圖洛書는 결코 문자의 시초는
아니다.

(5) 조수족적鳥獸足迹

허신許愼(30~124)의 「설문해자서說文解字序」에, "황제의 사
관 창힐은 새와 짐승의 발자국을 보고 무늬가 서로 구별될 수
있음을 알고서 처음 문자를 창제하였다. ⋯ 창힐이 처음 문자
를 창제할 때는, 대체로 사물의 형상에 따라 모양을 그렸으므
로 '文'이라 하고, 그 후에 형부形部와 성부聲部를 서로 더한 것
은 '字'라고 하였다"고 하였다.

漢한자란 무엇인가?

1) 漢字 자체字體의 변천

한자의 형체는 오랜 역사의 흐름 속에서 일찍이 여러 차례의 변화를 가져왔다. 은허의 갑골문에서 오늘에 이르기까지 3천 년의 시간이 흐르는 과정에서, 갑골문甲骨文, 종정문鐘鼎文(금문金文), 전서篆書, 예서隷書, 초서草書, 해서楷書, 행서行書 등의 여러 단계를 거쳐 발전하였다.

(1) 갑골문甲骨文

〈갑골문〉

고대 중국에서는 거북의 껍질(귀갑龜甲)이나, 짐승의 뼈(수골獸骨, 대부분 소의 어깨뼈)를 불로 지져 그 갈라지는 형태에 따라 일의 길흉화복吉凶禍福을 판단하는 습관이 있었는데, 점을 친 다음 그 결과를 귀갑이나 수골에 새겨둔 문자를 갑골문이라 한다.

갑골문은 칼로 새긴 것으로 계문契文이라고도 하며, 대부분 은대殷代 말기(B.C. 1300~B.C. 1100) 왕이 점을 친 결과를 기록하였다 해서 복사卜辭라고도 하며, 은殷나라 옛 도읍(지금의 하남성河南省 안양현安陽縣)의 폐허에서 발굴되었다 하여 은허문자殷墟文字라고도 한다.

그 특징은 형상성이 강하고 필체가 가늘고 길다. 형체 구조가 아직 고정되지 않아 한 글자가 여러 가지 형체를 가지고 있다.

(2) 금문金文

금문은 은상殷商 · 서주西周를 거쳐 전국시대까지 청동기에 주조하였거나 조각한 글, 전국시대 이전에는 동銅을 가리켜 금金이라 불렀으므로 이러한 글자를 금문金文이라 한다. 또 고대인들은 동기銅器를 총칭하여 종정鐘鼎이라 불렀기 때문에 금문金文을 종정문鐘鼎文이라고도 한다.

금문은 대부분 당시 노예 소유자 귀족들의 제사, 전쟁, 명령, 계약 등에 관한 기록으로, 고문자학과 주周나라 당시의 사회를 연구하는 데 중요한 사료가 되고 있다.

갑골문자는 동물의 뼈나 거북의 껍질에 칼 모양의 날로 새겨 날카롭고 가는 직선을 조합한 것인 데 반하여, 금문의 절대 다수는 청동기와 함께 주조해낸 것이다. 따라서 자획이 굵으며 부드러운 곡선이 많고 선이 굵어 정연하게 균형이 잡혀 있다.

〈금문〉

(3) 전문篆文

춘추전국시대 진나라 문자의 자형字形과 결구는 대체로 서주西周의 사법寫法을 보존하면서 서주보다 균형 잡힌 모양으로 변화되었는데, 이 글자를 전문篆文이라 한다.

진시황은 중국을 통일한 후 여러 방면의 개혁을 단행하였는

漢한字란 무엇인가?

〈대전〉

〈소전〉

〈예서〉

데, 그 가운데 하나가 문자의 통일이었던 까닭에 소전을 만들게 된 것이다.

소전은 고문자의 마지막 단계로 금문에 비해 상형성이 사라지고, 둥글고 균형 잡힌 선으로 형체를 정연하게 정리하여 한자의 부호성이 더욱 강하게 나타났다. 또 이체자가 줄어들고 형체가 고정되어 하나의 글자에 한 가지 형태만이 있으며, 한자의 각 부분 편방의 위치를 고정하여 임의로 바꿀 수 없게 하였다.

(4) 예서隷書

한대漢代의 정식 글자체로, 전서를 더욱 간략하게 변화시킨 글자체이다. 예서는 문자를 사용할 때 의미 전달에 영향이 없게 하는 원칙 아래에서 늘 더욱 간편하게 쓸 것을 요구하였던 까닭에 생긴 글자이다.

예서의 특징은 소전 이전의 상형적인 원칙을 버리고 원래 꾸불꾸불하고 쓰기 힘들던 획들을 곧은 획으로 고쳤으며, 문자를 간편화하였다.

(5) 해서楷書

해서는 예서를 바탕으로 하여 발전된 글자체인데, 당대唐代

〈육조해〉

〈당해〉

이전에는 정서正書 또는 진서眞書라고 불렀다. 이 글자체는 현대에도 통용되는 자체로, 해자楷字는 '법칙, 규범, 본보기'란 뜻이다. 해서는 곧 사람들이 본뜰 만한 표준적인 글자체를 의미한다. 이 자체는 필획을 예서보다 직선화하였으며, 위·진시대 이후에 크게 유행하였다.

(7) 행서行書

해서와 초서의 중간 위치에 처한 글자체로 삼국시대三國時代에 형성되어 지금까지 유행하고 있다. 그 특징은 해서에 가까우나 변화의 신축성이 있고, 초서에 가까우나 규범성을 갖는다.

〈행서〉

(6) 초서草書

초서란 흘려 쓴 글씨를 말한다. 일반적으로 초서에는 장초章草, 금초今草, 광초狂草의 세 종류가 있다. 초서는 한대에 만들어진 글자체로 동한대東漢代에 장제章帝가 이 필체를 즐겼다 하여 장초章草라고도 한다. 금초는 장초를 계승하여 해서를 빠르게 쓴 글자체로, 당대唐代에 성행하였다.

〈초서〉

漢한자란 무엇인가?

1) 漢字의 특성

한자의 가장 두드러진 특성은 그 모양이 네모형이며, 각 글자가 한 개의 음절로 되어 있는 단음절어로 하나의 글자가 뜻을 이루는 뜻글자라는 것이다. 즉, 한자는 개별적인 각 글자가 일정한 개념을 나타낸다. 또 인칭이나 수, 시제에 따라 변화가 일어나는 영어와 동사의 활용에 의해 변하는 한글과 달리, 고립어인 한자는 글자 자체의 형태 변화를 일으키지 않는다.

2) 漢字의 구조

(1) 漢字의 3요소 - 형形 · 음音 · 의義

한자는 각 글자마다 형 · 음 · 의라는 세 요소를 가지고 있다. 인간의 의사를 전달하는 언어표기로서 자형字形, 음성언어와 서사언어를 연결시키는 자음字音, 의미 전달의 작용을 하는 자의字意이다.

(2) 漢字의 구성법構成法 – 육서六書

① 상형문자象形文字

구체적인 사물의 모양을 본떠서 만든 글자이다. 즉 객관적으로 존재하는 사물의 외적 특징을 일반화하고 부호화하는 방법으로 만든 문자를 말한다.

日 : ☉

月 : ☽

雨 : 雨

② 지사문자指事文字

상징적인 부호를 쓰거나 원래의 상형자에 사물의 특징을 지적하는 방법으로써 그리기 힘든 객관적 사물이나 추상적 개념을 표시하는 방법을 말한다. 사물의 세부적인 부분에 대한 개념도 필요하게 되자 지사는 상형문자를 토대로 하여 어떤 획이나 점을 더하거나 빼는 방법으로 만들어진 글자이다.

上 → 기준선을 긋고 위에 점을 찍어 표시(上)

下 → 기준선을 긋고 그 아래에 점을 찍어 표시(下)

末 → 나무(木)의 끝 줄기에 선으로 표시해 끝이라는 뜻을 표현

③ 회의문자會意文字

둘 혹은 셋 이상의 부호(편방)를 조합하여 만든 문자이다. 예를 들면 林은 木 두 자가 겹쳐져서 '숲'이란 의미를 나타내고, 磊은 石 세 자가 겹쳐 '돌무더기'라는 새로운 뜻을 나타낸다. 이처럼 모양이 같은 문자가 두 번 내지 세 번 반복하여 다른 문자를 만들거나, 서로 다른 문자가 결합하여 새로운 뜻을 나타내는 것이다.

林(수풀 림)→ 木과 木을 합하여 만든 글자

明(밝을 명)→ 日과 月을 합하여 만든 글자

看(볼 간) → 手와 目을 합하여 만든 글자

④ 형성문자形聲文字

음을 나타내는 부분과 뜻을 나타내는 부분이 결합해서 이루어진 글자이다. 즉, 두 개 이상의 문자가 합쳐져서 새로운 문자를 이루되, 합쳐지는 한 문자는 뜻을 나타내고, 다른 한 문자는 음音을 나타낸다. 한자의 대다수가 이 원리에 기초하여 만들었다.

功(공 공) → 工 + 力(工은 음, 力은 뜻)

刊(새길 간)→ 干 + 刀(干은 음, 刀는 뜻)

汎(뜰 범) → 水 + 凡(水는 뜻, 凡은 음)

⑤ 전주문자轉注文字

이미 있는 글자의 본래의 뜻을 확대하여 다른 뜻으로 전용해서 쓰는 글자이다. 뜻에 따라 글자의 음이 달라지는 이음이의자異音異義字와, 음이 변하지 않는 동음이의자同音異義字가 있다.

樂 : 풍류 (악)   →   즐겁다 (락)   →   좋아하다 (요)

度 : 자 (도)   →   헤아리다 (탁)

惡 : 악하다 (악)   →   미워하다 (오)

⑥ 가차문자假借文字

글자의 본래 뜻과는 상관없이 나타내려는 사물의 모양이나 음이 비슷한 글자를 빌려서 표현하는 응용방법이다.

아시아(Asia) →   亞細亞

의젓하고 당당한 모양 →   堂堂

로마(Roma) →   羅馬

2. 생활한자

生活 생활한자

1) 절기節氣

春 | 봄

立春	雨水	驚蟄
春分	清明	穀雨

- 立春입춘 │ 양력 2월 4일경 │ 立 립 서다 · 이루어지다　春 춘 봄
- 雨水우수 │ 양력 2월 19일경 │ 雨 우 비　水 수 물
- 驚蟄경칩 │ 양력 3월 16일경 │ 驚 경 놀라다　蟄 칩 겨울잠 자는 벌레 · 숨다
- 春分춘분 │ 양력 3월 21일경 │ 春 춘 봄　分 분 구별하다
- 清明청명 │ 양력 4월 5일경 │ 清 청 맑다　明 명 밝다
- 穀雨곡우 │ 양력 4월 20일경 │ 穀 곡 곡식　雨 우 비

夏 | 여름

立夏	小滿	芒種
夏至	小暑	大暑

- 立夏입하 | 양력 5월 6일경 | 立 립 서다 · 이루어지다　夏 하 여름
- 小滿소만 | 양력 5월 21일경 | 小 소 작다　滿 만 가득차다
- 芒種망종 | 양력 6월 6일경 | 芒 망 까그라미　種 종 씨 · 근본
- 夏至하지 | 양력 6월 22일경 | 夏 하 여름　至 지 도래하다
- 小暑소서 | 양력7월 5일경 | 小 소 작다　暑 서 더위
- 大暑대서 | 양력 7월 23일경 | 大 대 크다　暑 서 더위

秋 | 가을

立秋　　處暑　　白露
秋分　　寒露　　霜降

- 立秋입추 | 양력 8월 8일경 | 立 립 서다 · 이루어지다　秋 추 가을
- 處暑처서 | 양력 8월 23일경 | 處 처 머물다　暑 서 더위
- 白露백로 | 양력 9월 8일 | 白 백 희다　露 로 이슬
- 秋分추분 | 양력 9월 23일경 | 秋 추 가을　分 분 구별하다
- 寒露한로 | 양력 10월 9일경 | 寒 한 차갑다　露 로 이슬
- 霜降상강 | 양력 10월 24일경 | 霜 상 서리　降 강 내리다

冬 | 겨울

立春　　雨水　　驚蟄
春分　　清明　　穀雨

- 立冬입동 | 양력 11월 8일경 | 立 **립** 시디·이루어지다　冬 **동** 겨울
- 小雪소설 | 양력 11월 23일경 | 小 **소** 작다　雪 **설** 눈
- 大雪대설 | 양력 12월 7일경 | 大 **대** 크다　雪 **설** 눈
- 冬至동지 | 양력 12월 22일경 | 冬 **동** 겨울　至 **지** 도래하다
- 小寒소한 | 양력 1월 6일경 | 小 **소** 작다　寒 **한** 차갑다
- 大寒대한 | 양력 1월 22일경 | 大 **대** 크다　寒 **한** 차갑다

生活한자
生活

2) 국명國名과 지명地名

古朝鮮	三國時代	高句麗
百濟	新羅	統一新羅
高麗	朝鮮	大韓民國
南韓	北韓	

- 古朝鮮고조선 │ 古 고 옛   朝 조 아침·처음   鮮 선 곱다

- 三國時代삼국시대 │ 國 국 나라   時 시 때   代 대 시대

- 高句麗고구려 │ 高 고 높다   句 구 구부러지다·글귀   麗 려 곱다

- 百濟백제 │ 百 백 일백·모든   濟 제 구제하다·건너다

- 新羅신라 │ 新 신 새로운   羅 라 그물·비단

- 統一新羅통일신라 │ 統 통 혈통·큰 줄기   一 일 처음·하나

- 高麗고려

- 朝鮮조선

- 大韓民國대한민국 │ 韓 나라 한   民 민 백성

- 韓半島한반도 │ 半 반 조각·반   島 도 섬

- 南韓남한 │ 南 남 남쪽   北 북 북쪽

- 北韓북한

特別市	廣域市	
光州	大邱	大田
釜山	仁川	蔚山

- 서울特別市특별시 | 特 특 특별하다　別 별 나누다　市 시 시가
- 光州廣域市광주광역시 | 光 광 빛　州 주 고을　廣 광 넓다　域 역 지역
- 大邱廣域市대구광역시 | 邱 구 언덕
- 大田廣域市대전광역시 | 田 전 밭
- 釜山廣域市부산광역시 | 釜 부 큰 솥
- 仁川廣域市인천광역시 | 仁 인 어질다　川 천 내
- 蔚山廣域市울산광역시 | 蔚 울 고을이름 · 성하다

京畿道 水原	江原道 春川
忠淸南道 牙山	忠淸北道 淸州
慶尙南道 昌原	慶尙北道 龜尾
全羅南道 務安	全羅北道 全州
濟州道 西歸浦	

- 京畿道경기도 水原수원 | 京 **경** 서울 畿 **기** 서울 道 **도** 길·이치
  原 **원** 근원·들
- 江原道강원도 春川춘천 | 江 **강** 강
- 忠淸南道충청남도 牙山아산 | 忠 **충** 충성 牙 **아** 이
- 忠淸北道충청북도 淸州청주
- 慶尙南道경상남도 昌原창원 | 慶 **경** 경사스럽다 尙 **상** 높이다
  昌 **창** 창성하다
- 慶尙北道경상북도 龜尾구미 | 龜 **구** 나라이름·귀 거북·균 틀
  尾 **미** 꼬리·등
- 全羅南道전라남도 務安무안 | 全 **전** 온전하다 務 **무** 힘쓰다
  安 **안** 편안하다
- 全羅北道전라북도 全州전주
- 濟州道제주도 西歸浦서귀포 | 西 **서** 서쪽 歸 **귀** 돌아가(오)다 浦 **포** 물가

3) 직업職業

公務員	教授	醫師	看護師
藥師	辯護士	檢事	判事
警察	會計司	大統領	國會議員
長官	建築設計士	營業社員	保險
設計士	不動産	仲介人	

- 公務員공무원 | 公 공 숨김없이 드러내놓다 員 원 사람

- 教授교수 | 教 교 가르치다 授 수 주다

- 醫師의사 | 醫 의 치료하다

- 看護師간호사 | 看 간 지키다·보다 護 호 보호하다

- 藥師약사 | 藥 약 약·치료하다

- 辯護士변호사 | 辯 변 말 잘하다 士 사 일을 처리할 재능이 있는 사람

- 檢事검사 | 檢 검 단속하다 事 사 일하다

- 判事판사 | 判 판 판가름하다

- 警察경찰 | 警 경 경계하다·타이르다 察 찰 살피다·조사하다

- 會計司 회계사 | 計 계 헤아리다·세다 司 사 관리·맡다

生活 생활한자

- 大統領대통령 | 領 령 가장 요긴한 곳 · 목
- 國會議員국회의원 | 議 의 의논하다
- 長官장관 | 長 장 우두머리 · 길다　官 관 벼슬아치
- 建築設計士건축설계사 | 建 건 세우다　築 축 집을 짓다 · 쌓다
　設 설 설립하다
- 營業社員영업사원 | 營 영 경영하다　業 업 일 · 직업
- 保險設計士보험설계사 | 保 보 지키다 · 돕다　險 험 험하다 · 위태롭다
- 不動産仲介人부동산중개인 | 不 부 아니다　動 동 움직이다 · 변하다
　産 산 낳다　仲 중 가운데　介 개 끼이다

4) 학과學科

社會福祉學科	相談心理學科
幼兒教育學科	國際貿易物類學科
金融保險學科	中國通商學科
情報通信學科	新聞放送學科
廣告弘報學科	演劇演藝學科
寫眞映像學科	電子商去來貿易學科
觀光經營學科	文獻情報學科
産業情報工學科	生活體育學科

- 社會福祉學科사회복지학과 │福 복 복　祉 지 복
- 相談心理學科상담심리학과 │相 상 서로·보다　談 담 이야기하다
  心 심 마음
- 幼兒教育學科유아교육학과 │幼 유 어린아이　兒 아 아이
  育 육 기르다
- 國際貿易物類學科국제무역물류학과 │際 제 사이　貿 무 바꾸다
  易 역 교환하다　物 물 만물　類 류 모든 것

33

生活한자
生
活

- 金融保險學科금융·보험학과 | 金 금 돈·황금 融 융 화합하다
- 中國通商學科중국통상학과 | 中 중 가운데 通 통 통하다·두루미치다
- 情報通信學科정보통신학과 | 情 정 뜻 報 보 알리다·갚다

  信 신 진실·믿음
- 新聞放送學科신문방송학과 | 聞 문 듣다·알다 放 방 놓다

  送 송 보내다
- 廣告弘報學科광고홍보학과 | 告 고 알리다 弘 홍 넓다
- 演劇演藝學科연극연예학과 | 演 연 멀리 흐르다 劇 극 연극

  藝 예 기예·심다
- 寫眞映像學科사진영상학과 | 寫 사 베끼다 眞 진 생긴 그대로·참

  映 영 비추다 像 상 형상
- 電子商去來貿易學科전자상거래무역학과 | 電 전 전기·번개

  去 거 가다 來 래 오다
- 觀光經營學科관광경영학과 | 觀 관 보다
- 文獻情報學科문헌정보학과 | 文 문 글·무늬 獻 헌 바치다
- 産業情報工學科산업정보학과
- 生活體育學科생활체육학과 | 活 활 살다·생활 體 체 몸

5) 운동運動

排球	卓球	籠球	野球
體操	跆拳道	合氣道	水泳
格鬪技	弓道	拳鬪	氷上競技
柔道	劍道	太極拳	乘馬

- 排球배구 │ 排 배 밀치다 球 구 공

- 卓球탁구 │ 卓 탁 높다·세우다

- 籠球농구 │ 籠 농 대그릇

- 野球야구 │ 野 야 들

- 體操체조 │ 操 조 조정하다·잡다

- 跆拳道태권도 │ 跆 태 밟다 拳 권 주먹·힘

- 合氣道합기도 │ 合 합 합하다

- 水泳수영 │ 泳 영 헤엄치다

- 格鬪技격투기 │ 格 격 대적하다·겨루다 鬪 투 싸움·싸우다

- 弓道궁도 │ 弓 궁 활

- 拳鬪권투

- 氷上競技빙상경기 │ 氷 **빙** 얼음
- 柔道유도 │ 柔 **유** 부드럽다
- 劍道검도 │ 劍 **검** 검법·칼
- 太極拳태극권 │ 太 **태** 크다·통하다 極 **극** 다하다
- 乘馬승마 │ 乘 **승** 타다

6) 문예文藝

詩 | 시

小說　　散文　　戲劇　　時調
音樂　　美術　　舞踊　　映畵

- 小說소설 | 說 **설** 말
- 散文산문 | 散 **산** 풀어놓다 · 흩어지다
- 戲劇희극 | 戲 **희** 놀이
- 時調시조 | 調 **조** 조절하다 · 고르다
- 音樂음악 | 音 **음** 소리　樂 **악** 음악
- 美術미술 | 美 **미** 아름답다
- 舞踊무용 | 舞 **무** 춤추다　踊 **용** 춤추다 · 뛰다
- 映畵영화 | 畵 **화** 그리다 · 그림
- 寫眞사진
- 演劇연극
- 彫刻조각 | 彫 **조** 새기다　刻 **각** 새기다
- 建築건축
- 工藝공예
- 繪畵회화

生活 생활한자

7) 오감五感

視覺	聽覺	嗅覺
味覺	觸覺	

- 視覺시각 │ 視 시 보다 覺 각 깨닫다
- 聽覺청각 │ 聽 청 듣다
- 嗅覺후각 │ 嗅 후 맡다
- 味覺미각 │ 味 미 맛보다
- 觸覺촉각 │ 觸 촉 부딪치다

8) 인체人體

腦	齒牙	肺	心臟
消化器	食道	胃	十二指腸
肛門	肝	筋肉	骨格
神經	皮膚		

- 腦뇌 | 腦 **뇌** 머리

- 齒牙치아 | 齒 **치** 이

- 肺폐 | 肺 **폐** 허파

- 心臟심장 | 臟 **장** 내장·오장

- 消化器소화기 | 消 **소** 사라지다 器 **기** 그릇

- 食道식도

- 胃위 | 胃 **위** 밥통

- 十二指腸십이지장 | 指 **지** 손가락 腸 **장** 창자

- 肛門항문 | 肛 **항** 똥구멍 門 **문** 문

- 肝간 | 肝 **간** 간장

- 筋肉근육 | 筋 **근** 힘줄 肉 **육** 몸·피부·살

- 骨格골격 | 骨 골 뼈
- 神經신경
- 皮膚피부 | 皮 피 가죽·껍질 膚 부 살갗

9) 시사時事

大災殃	慘死	地震	海溢
暴雪	地球村	輿論	靑年
失業	求職者	駐車難	胚芽細胞

- 大災殃대재앙 | 災 **재** 재앙   殃 **앙** 재앙

- 慘死참사 | 慘 **참** 참혹하다   死 **사** 죽음 · 죽다

- 地震지진 | 震 **진** 움직이다 · 지진

- 海溢해일 | 溢 **일** 넘치다

- 暴雪폭설 | 暴 **폭** 사납다 · 해치다   雪 **설** 눈

- 地球村지구촌 | 村 **촌** 마을

- 輿論여론 | 輿 **여** 싣다 · 수레   論 **론** 말 · 말하다

- 靑年失業청년실업 | 靑 **청** 푸르다 · 젊다   年 **년** 나이   失 **실** 잃다

- 求職者구직자 | 求 **구** 구하다 · 찾다   職 **직** 임무 · 직분   者 **자** 사람

- 駐車難주차난 | 駐 **주** 머무르다   車 **차** 차 · 수레   難 **난** 어렵다

- 複製복제 | 複 **복** 겹치다 · 이중   製 **제** 만들다 · 짓다

- 胚芽細胞배아세포 | 胚 **배** 아이배다   芽 **아** 싹   細 **세** 가늘다   胞 **포** 테보

note

10) 광고한자

한국인의 매운 맛 辛라면
말하지 않아도 초코파이 情
안 나오면 쳐들어간다 快변
소화제는 베아제 대熊제약
참眞 이슬露
부드러운 소주 山
손 수 때릴 타 手打면
生命을 하늘처럼 풀무원
좋은 술 百歲酒
먹는 샘물 제주 三多水

辛 신 맵다   情 정 정
快 쾌 빠르다   熊 웅 곰
眞 진 참 露 로 이슬   山 산 산
手 수 손 打 타 때리다   生 생 태어나다 命 명 생명, 운명
百 백 백 歲 세 나이 酒 주 술 三 삼 셋 多 다 많을 水 수 물

毛내기

다 難다

에덴의 東쪽

어흥! 조흥! 興이 절로

多가지자

야외 행사장 大 마겐세일

美대륙의 아벨라

愛 사랑은 감탄사다

우리는 水에 대한 가치를 생각합니다

자연의 色을 담았습니다

114가 衣를 바꿔 입었습니다

산에서 저문 꽃이 線 위에서 다시 피어납니다

毛 모 털

東 동 동쪽

多 다 모두

美 미 미국, 아름답다

色 색 색깔

線 선 선

難 난 어렵다

興 흥 일어나다. 흥성하다

大 대 크다

水 수 물

衣 의 옷

生生활한자
活

어머니의 **人生**은 길다

함께 있으면 마음의 눈이 젖어옵니다. **家族**

당신의 미소에 평안한 **未來**를 더합니다

인터넷 **無線**여행을 떠나자

처음 만나는 **自由** 20살의 011

假面을 벗으세요

나를 만드는 것은 결국 나 **自身**이다

酸素 같은 여자

꽃을 든 **男子**

내 **皮膚** 속에 남자가 숨어 있다

人 **인** 사람　生 **생** 인생

未 **미** 아직, 아니다　來 **래** 오다

自 **자** 스스로　由 **유** 말미암다

自 **자** 스스로　身 **신** 몸

男 **남** 사내　子 **자** 아들

家 **가** 집　族 **족** 우리

無 **무** 없다　線 **선** 선, 줄

假 **가** 가면　面 **면** 얼굴

酸 **산** 산소　素 **소** 원소

皮 **피** 가죽　膚 **부** 살갗

44

週末엔 바람이 된다

그녀의 自轉車가 내 가슴 속으로 들어왔다

한 영혼을 사로잡은 지독한 사랑, 中毒

오늘 당신의 가슴에 첫사랑의 동화가 내립니다. 겨울戀歌

함께 있을 때, 우린 아무것도 두려울 것이 없었다. 親舊

설레임도 가슴 아픈 댄서의 純情

사랑이라는 걸 너무 늦게 깨달았습니다. 時越愛

하늘처럼 높고 땅처럼 큰 사랑 이야기 天長地久

週 **주** 주 末 **말** 끝

轉 **전** 돌다 車 **거** 수레, 차

中 **중** 가운데, 뚫다 毒 **독** 독

戀 **연** 사랑 歌 **가** 노래

親 **친** 친하다 舊 **구** 오래되다

純 **순** 순수하다 情 **정** 정

時 **시** 시간 越 **월** 초월하다 愛 **애** 사랑

天 **천** 하늘 長 **장** 길다 地 **지** 땅 久 **구** 오래다

2. 시사한자

한자를 모르면 취업은 그림의 떡

漢字 教育 바람이 거세게 불고 있다. 初等學校 한자 교육을 先頭로 각 大學도 한자 교육 隊列에 들어서고 있다. 특히 얼마 전 "한자를 모르는 사람은 業務遂行 能力이 顯著히 떨어진다"는 理由로 全國經濟人聯合會, 大韓商議 貿易協會 등 經濟 5 團體가 新入社員을 採用할 때 한자 시험을 施行하겠다고 發表한 이후 한자는 일반인에게도 필수적인 숙제로 떠오르고 있다. 대학들은 저마다 就業을 前提로 한 한문 교육을 실시하고 있다. 서울대가 新入生에게 教養 國語의 必須項目으로 한자 교육을 시행하고 있다. 또한 각 대학들은 過去의 教養 漢文과는 달리 專門 人力으로서 갖추어야 할 한자의 基本 知識 內容을 교육하고 있다. 사실 지금까지 학교는 물론 私教育 次元에서도 한자 교육이 等閑視돼왔다는 것을 考慮하면 큰 變化이다.

- 敎育교육 | 敎 교 가르치다　育 육 기르다

- 先頭선두 | 先 선 먼저　頭 두 머리

- 隊列대열 | 隊 대 대　列 열 줄

- 業務遂行업무수행 | 業 업 업　務 무 일　遂 수 이루다　行 행 가다

- 顯著현저 | 顯 현 나타나다　著 저 분명하다

- 全國經濟人聯合會전국경제인연합회

- 大韓商議대한상의

- 貿易協會무역협회

- 團體단체 | 團 단 둥글다　體 체 몸

- 採用채용 | 採 채 캐다, 가려내다　用 용 쓰다

- 施行시행 | 施 시 베풀다, 행하다　行 행 가다

- 就業취업 | 就 취 이루다, 나아가다　業 업 업

- 前提전제 | 前 전 앞　提 제 끌다

- 敎養교양 | 敎 교 가르치다　養 양 기르다

- 專門전문 | 專 전 오로지　門 문 문

- 等閑視등한시 | 等 등 가지런하다, 구분하다　閑 한 막다　視 시 보다

- 考慮고려 | 考 고 상고하다, 곰곰이 생각하다　慮 려 생각하다

한자 기초 교육은 엉망이래요

우리나라 중·고교생의 한자 실력은 어느 정도일까? 韓國敎育課程評價院이 지난해 6월 전국의 중학교 3학년생 3,353명과 고교 2학년생 3,965명을 대상으로 한자 基礎學力을 평가한 결과 중학생은 100점 滿點에 平均 45.6점, 고교생은 52.3점인 것으로 나타났다. 특히 '국회', '신문', '민족' 등 일상생활에 많이 쓰이는 敎科書用 漢字語와 '정월', '상부상조' 등 전통 관련 한자어 평가 영역에서 기초 학력 미달자가 각각 37.4%와 33.6%로 높게 나타났다.

가장 많이 틀린 문제는 '봄과 가을', '어른의 나이를 높여 부르는 말'을 한자어로 쓰는 주관식 문제로 정답인 '春秋'를 제대로 쓴 학생이 18%였다. 또 '國會', '新聞', '重要', '民族', '學習' 등 5가지 보기 가운데 한자어 쓰임이 바르지 못한 것을 고르는 문제에 '新聞'으로 맞게 고른 비율이 18.3%에 그쳤다. 고교생은 優秀 학력자와 기초 학력 미달자가 각각 13.8%와 2.4%였고 영역별로는 故事成語 領域의 기초 학력 미달자가 50.2%로 많았다.

병역 '필', 납세 '필', 검사 '필' 등 '필'자를 맞게 쓴 한자를 고르는 문제에 보기 다섯 가지(血, 品, 畢, 匹, 華) 중 정답

(畢)을 고른 비율이 36.2%였다. '살신성인殺身成仁'의 뜻을 쓰는 주관식 문항의 정답률은 42.4%였다.

韓國敎育課程評價院한국교육과정평가원

基礎學力기초학력 | 基 기 기초 礎 초 주춧돌 學 학 배우다 力 력 힘

滿點만점 | 滿 만 차다 點 점 점

敎科書교과서 | 敎 교 가르치다 科 과 과정 書 서 책

春秋춘추 | 春 춘 춘추 秋 추 가을

新聞신문 | 新 신 새롭다 聞 문 듣다

學習학습 | 學 학 배우다 習 습 익히다

評價領域평가영역 | 評 평 됨됨이를 평하다 價 가 값 領 령 옷깃 域 역 지경

優秀우수 | 優 우 넉넉하다 秀 수 빼어나다

殺身成仁살신성인 | 殺 살 죽이다 身 신 몸 成 성 이루다 仁 인 어질인

부모 함자도 못쓰는 대학생 어쩌나!

　대학 卒業生들의 한자능력이 해마다 떨어져 4년 사이 平均 點數가 8.2점이나 下落했다. 더욱이 부모 이름을 한자로 쓰지 못하는 경우도 각각 55.1%와 72.1%를 차지했다. 24일 陸軍 第 3士官學校 金鍾煥(국문학) 교수가 최근 전국 120개 대학 졸업 생(평균 성적 B학점 이상) 272명을 대상으로 漢字能力檢定 試驗 4級(한자 1천 자의 訓과 音을 알고 500자를 쓸 수 있는 시험) 을 실시한 결과 100점 만점에 평균 21.3점으로 나타났다. 특히 이번 조사에서 아버지의 이름을 한자로 제대로 쓴 사람은 122명(44.9%), 어머니 이름은 76명(27.9%)에 불과해 한자 능력 의 深刻性을 보여주고 있다. 또 出身 대학의 이름을 한자로 쓴 사람이 36.4%(99명), 專攻 學科는 25.7%(97명)로 4년전에 비해 각각 9.6%포인트, 9.3%포인트 낮았다. 이들이 알고 있는 한자는 100~300자 內外가 187명(68.7%)으로 가장 많았고 500 자 內外 50명(18.3%), 1천자 內外 23명(8.4%), 1천500자 內 外 5명(1.8%), 1천800자 4명(1.4%) 순이었으며 전혀 모르는 대 학 졸업생도 3명이나 됐다. 그러나 한자 교육의 必要性에 대해 서는 223명(81.9%) 이 필요하다고 應答했다.

- 漢盲한맹 | 漢 **한** 한나라 盲 **맹** 소경
- 平均點數평균점수 | 平 **평** 평평하다 均 **균** 고르다 點 **점** 점 數 **수** 세다
- 下落하락 | 下 **하** 아래 落 **락** 떨어지다
- 陸軍육군 | 陸 **륙** 뭍 軍 **군** 군사
- 士官學校사관학교 | 士 **사** 선비 官 **관** 벼슬 學 **학** 배우다 校 **교** 학교
- 漢字能力檢定試驗한자능력검정시험
- 訓音훈음 | 訓 **훈** 기르치다 音 **음** 소리
- 深刻性심각성 | 深 **심** 깊다 刻 **각** 새기다 性 **성** 성품
- 專攻전공 | 專 **전** 오로지 攻 **공** 치다
- 應答응답 | 應 **응** 응하다 答 **답** 답

한반도 평화는 우리 손으로

오늘날 韓半島의 平和를 左右하는 북한 核 問題는 어떻게 풀어야 하는가? 이에 앞서 우선 연일 대북 强硬基調를 强化하고 있는 미국의 事態 解釋은 어떤지 確認해보자. 그 뼈대는, 북한이 당장 핵무기 開發에 始動을 걸고 미국에 대해 軍士적 威脅과 挑發을 敢行하려고 한다는 것이다. 그래서 미국이 國際社會의 輿論을 대표하여 制動을 걸고 있는데, 이걸 북한이 듣지 않고 賊反荷杖으로 미국을 威脅·脅迫·警告하고 있다는 것이다. 따라서 북한은 미국의 先制攻擊目標로서의 要件을 具備해가고 있다는 것이고, 결국 공격해도 전혀 이상한 일이 아니라는 雰圍氣로 몰아가고 있다. 좋게 말로 타일렀는데도 영 말을 듣지 않으니 어쩌겠는가, 하는 名分이 蓄積되면 다른 選擇의 餘地는 점점 사라지고 만다.

- 强硬基調강경기조 | 强 강 굳세다 硬 경 굳다 基 기 터 調 조 고르다, 조절하다
- 解釋해석 | 解 해 풀다 釋 석 풀다

- 確認확인 │ 確 **확** 굳다　認 **인** 알다
- 威脅위협 │ 威 **위** 위엄　脅 **협** 옆구리, 으르다
- 挑發도발 │ 挑 **도** 휘다　發 **발** 쏘다
- 敢行감행 │ 敢 **감** 감히　行 **행** 가다
- 輿論여론 │ 輿 **여** 수레　論 **론** 말하다
- 賊反荷杖적반하장 │ 賊 **적** 도둑　反 **반** 되돌리다　荷 **하** 연, 책망　杖 **장** 지팡이
- 脅迫협박 │ 脅 **협** 옆구리, 으르다　迫 **박** 닥치다
- 警告경고 │ 警 **경** 경계하다　告 **고** 알리다
- 先制攻擊선제공격 │ 先 **선** 먼저　制 **제** 마르다　攻 **공** 치다　擊 **격** 부딪치다
- 目標목표 │ 目 **목** 눈　標 **표** 우듬지
- 要件요건 │ 要 **요** 구하다　件 **건** 사건
- 具備구비 │ 具 **구** 갖추다　備 **비** 갖추다
- 雰圍氣분위기 │ 雰 **분** 안개　圍 **위** 둘레　氣 **기** 기운
- 蓄積축적 │ 蓄 **축** 쌓다　積 **적** 쌓다
- 選擇선택 │ 選 **선** 가리다　擇 **택** 가리다
- 餘地여지 │ 餘 **여** 남다　地 **지** 땅

한류 그 끝… 세계를 품안에

　'韓流'가 동아시아 지역의 大衆文化에 강력한 影響力을 發揮할 수 있었던 이유는 자유롭고 無政府主義적인 特性 때문일 것이다. 한류를 主導하고 있는 한국 대중문화는 사실상 多國的 보헤미안 문화다. 현대 사회의 바닥에 놓여 있는 苦悶과 挫折, 慾求와 希望이 춤이나 음악과 섞여 거침없이 表現되고 있다. 이런 特性은 傳統의 消滅 위에서 문화적 反亂을 企劃했던 현대 아방가르드 精神의 21세기 버전이다. 또한 어떤 면에서 무정부주의적인 글로벌 네트워크가 造成한 새로운 사회적 狀況을 가장 잘 표현한다. 그러므로 한류는 문화산업의 興行 商品이기에 앞서 地球化 및 情報化 흐름을 反映하는 새로운 차원의 實驗的 퓨전 문화로 把握할 수 있다.

- 韓流한류 | 韓 한 나라 이름　流 류 흐르다
- 大衆文化대중문화 | 大 대 크다　衆 중 무리　文 문 무늬　化 화 되다
- 影響力영향력 | 影 영 그림자　響 향 울리다　力 력 힘
- 發揮발휘 | 發 발 쏘다　揮 휘 휘두르다

- 無政府主義무정부주의

- 主導주도 | 主 주 주인 導 도 이끌다

- 苦悶고민 | 苦 고 쓰다 悶 민 번민하다

- 挫折좌절 | 挫 좌 꺾다 折 절 꺾다

- 慾求욕구 | 慾 욕 욕심 求 구 구하다

- 希望희망 | 希 희 바라다 望 망 바라다

- 傳統전통 | 傳 전 전하다 統 통 큰 줄기

- 消滅소멸 | 消 소 사라지다 滅 멸 멸망하다

- 反亂반란 | 反 반 되돌리다 亂 란 어지럽다

- 企劃기획 | 企 기 꾀하다 劃 획 긋다

- 精神정신 | 精 정 세밀하다 神 신 신기하다

- 造成조성 | 造 조 짓다 成 성 이루다

- 狀況현황 | 狀 상 형상 況 황 하물며

- 興行商品흥행상품 | 興 흥 일다 行 행 가다 商 상 헤아리다 品 품 물건

- 地球化지구화 | 地 지 땅 球 구 공 化 화 되다

- 情報化정보화 | 情 정 뜻 報 보 갚다 化 화 되다

- 實驗실험 | 實 실 열매 驗 험 증험하다

- 把握파악 | 把 파 잡다 握 악 쥐다

중국 이래도 되나

중국의 東北工程으로 촉발된 한·중 高句麗史 論爭은 뜨거웠다. 중국은 社會科學院이 중심이 되어 歷史矮曲을 露骨化했고, 이에 맞서 우리 학계와 市民團體는 高句麗研究財團 출범 등을 통해 역사 지키기에 나섰다. 급기야 外交葛藤으로 飛火했고, 두 나라 정부 當局者 合意에 따라 학술적으로 풀기 위해 베이징에서 한·중 대표 연구기관의 고구려 학술회의까지 열렸지만 시원스레 문제가 풀릴지는 미지수이다. 중국은 고구려에 이어 渤海 遺跡을 世界文化遺産에 登載하기 위해 대대적인 遺跡復原, 整備工事를 진행중이며, 국내 학계의 예측대로라면 2년 안에 중국의 역사유적 발해가 세계문화유산으로 공인될 형편이다.

- 東北工程 동북공정
- 促發 촉발 │ 促 **촉** 재촉하다 發 **발** 쏘다
- 社會科學院 사회과학원
- 歷史矮曲 역사왜곡 │ 歷 **력** 지내다 史 **사** 역사 矮 **왜** 키 작다
  曲 **곡** 굽다
- 露骨化 노골화 │ 露 **로** 드러내다, 骨 **골** 뼈 化 **화** 되다
- 葛藤 갈등 │ 葛 **갈** 칡 藤 **등** 등나무
- 飛火 비화 │ 飛 **비** 날다 火 **화** 불
- 渤海遺跡 발해유적 │ 渤 **발** 바다 이름 海 **해** 바다 遺 **유** 후세에 전하다
  跡 **적** 자취
- 遺産 유산 │ 遺 **유** 남기다 産 **산** 낳다
- 登載 등재 │ 登 **등** 오르다 載 **재** 싣다
- 整備 정비 │ 整 **정** 가지런하다 備 **비** 갖추다

봄 아지랭이와 함께 잠이 와요

따뜻한 봄이 되면 온몸이 무겁고 나른하고 이유 없이 疲困하며 졸음이 자주 오는 春困症으로 일상생활에 지장을 받는 사람이 많다. 春困症은 겨우내 움츠렸던 人體의 新陳代謝 機能이 봄철을 맞아 활발해지면서 생기는 일종의 疲勞症勢로 자연스러운 生理 現狀이다. 대표적인 症狀으로 나른한 疲勞感, 졸음, 食慾不振, 消化不良, 眩氣症 등을 들 수 있다. 충분히 잠을 잤는데도 졸음이 쏟아지거나 식욕이 떨어지고 온몸이 나른하며, 倦怠感으로 일의 能率이 오르지 않는다. 어깨가 뻐근하고 몸이 찌뿌둥하며 쉴 자리만 찾게 된다. 드물게는 不眠症과 가슴이 두근거리는 症勢를 보이기도 한다. 춘곤증은 겨우내 運動이 不足하고 過勞로 疲勞가 累積된 사람일수록 심하다. 또 평소에 貧血症狀이 있거나 消化器가 약하고 추위를 잘 타는 사람, 아침잠이 많은 사람, 스트레스가 심한 사람, 외부 환경에 대한 신체의 適應能力이 떨어지는 사람들이 춘곤증에 많이 시달리게 된다. 韓醫學에선, 體質的으로는 消化器가 차고 약한 少陰人이나 몸속에 열이 많은 少陽人들이 春困症을 많이 呼訴한다고 한다. 그리고 外貌上으로는 마르고 신경질적인 사람이 더 심하게 느낀다고 한다.

- 疲困피곤 | 疲 **피** 지칠　困 **곤** 괴롭다
- 春困症춘곤증 | 春 **춘** 봄　困 **곤** 괴롭다　症 **증** 증세
- 新陳代謝機能신진대사기능 | 新 **신** 새　陳 **진** 늘어놓다　代 **대** 대신하다　謝 **사** 사례하다　機 **기** 틀　能 **능** 능하다
- 疲勞症勢피로증세 | 疲 **피** 지치다　勞 **로** 일하다　症 **증** 증세　勢 **세** 기세
- 生理現狀생리현상 | 生 **생** 나다　理 **리** 디스리다　現 **현** 나타나다　狀 **상** 형상
- 症狀증상 | 症 **증** 증세　狀 **상** 형상
- 疲勞感피로감 | 疲 **피** 지치다　勞 **로** 일하다　感 **감** 느끼다
- 食慾不振식욕부진 | 食 **식** 밥　慾 **욕** 욕심　不 **부/불** 아니다　振 **진** 떨치다
- 消化不良소화불량 | 消 **소** 사라지다　化 **화** 되다　不 **부/불** 아니다　良 **량** 좋다
- 眩氣症현기증 | 眩 **현** 아찔하다　氣 **기** 기운　症 **증** 증세
- 倦怠感권태감 | 倦 **권** 게으르다　怠 **태** 게으르다　感 **감** 느끼다
- 能率능률 | 能 **능** 능하다　率 **률** 헤아리다 · **솔** 거느리다 · **수** 장수
- 不眠症불면증 | 不 **불/부** 아니다　眠 **면** 잠자다　症 **증** 증세
- 症勢증세 | 症 **증** 증세　勢 **세** 기세

生活 생활한자

- 過勞과로 | 過 과 지나다　勞 로 일하다
- 累積누적 | 累 루 묶다　積 적 쌓다
- 貧血症빈혈증상 | 貧 빈 가난하다　血 혈 피　症 증 증세　狀 상 형상
- 消化器소화기 | 消 소 사라지다　化 화 되다　器 기 그릇
- 適應적응 | 適 적 가다　應 응 응하다
- 韓醫學한의학 | 韓 한 나라 이름　醫 의 의원　學 학 배우다
- 體質체질 | 體 체 몸　質 질 바탕
- 少陰人소음인 | 少 소 적다　陰 음 응달　人 인 사람
- 少陽人소양인 | 少 소 적다　陽 양 볕　人 인 사람
- 呼訴호소 | 呼 호 부르다　訴 소 하소연하다
- 外貌외모 | 外 외 밖　貌 모 얼굴

黃砂現象이란 중국 북부와 몽골의 沙漠 또는 黃土 地帶의 작은 모래·황토·먼지 등이 모래폭풍에 의해 高空으로 올라가 浮遊하거나, 上層의 偏西風을 타고 멀리까지 날아가 떨어지는 現象을 말한다. 일반적으로 黃砂는 중국 북부 신장웨이우얼(新疆維吾爾)의 타클라마칸 사막과 몽골고원의 고비 사막, 黃河 상류의 알리산 사막, 몽골과 중국의 경계에 걸친 넓은 건조지대 등에서 발생해 중국은 물론 한반도와 일본, 멀리는 하와이와 미국 본토에까지 영향을 미치는 누런 먼지를 가리킨다. 主成分은 微細한 먼지로, 마그네슘·규소·알루미늄·철·칼륨·칼슘 같은 酸化物이 包含되어 있다. 우리나라의 黃砂現象은 3~5월인 봄에 集中的으로 발생하는데, 이는 황사의 發源地인 유라시아 대륙의 중심부가 바다와 멀리 떨어져 있어 매우 건조하고, 또 降水量이 적은데다 겨우내 얼었던 메마른 토양이 녹으면서 부서지기 쉬운 모래 먼지가 많이 생기기 때문이다. 이렇게 잘게 부서진 모래 먼지가 모래폭풍이나 강한 바람에 쉽게 날려 공중을 떠돌다가 멀리까지 移動해 落下하는 것이다.

生生활한자
活

한반도에 영향을 미치는 황사 역시 대부분 이 무렵에 발생한다. 黃砂 發源地의 面積은 沙漠이 48만㎢, 黃土高原 30만㎢에 인근 모래땅까지 합하면 韓半島 面積의 약 4배나 된다. 이 황사 발원지는 가깝게는 만주(거리 약 5백km)에서부터 멀리는 타클라마칸 사막(거리 약 5천km)에까지 분포하므로 어디에서 발원된 황사인지에 따라 이동시간이 달라지고, 또 상층 바람의 속도에 따라 우리나라에 도달하는 시간이 달라진다.

- 黃砂現象황사현상 | 黃 황 누르다 砂 사 모래 現 현 나타나다 象 상 모양
- 沙漠사막 | 沙 사 모래 漠 막 사막
- 地帶지대 | 地 지 땅 帶 대 띠
- 浮遊부유 | 浮 부 뜨다 遊 유 놀다
- 偏西風편서풍 | 偏 편 치우치다 西 서 서녘 風 풍 바람
- 黃河황하 | 黃 황 누렇다 河 하 물
- 微細미세 | 微 미 작다 細 세 가늘다
- 酸化物산화물 | 酸 산 초 化 화 되다 物 물 만물

- 發源地발원지 │ 發 **발** 쏘다　源 **원** 근원　地 **지** 땅

- 降水量강수량 │ 降 **강** 내리다　水 **수** 물　量 **량** 헤아리다

- 移動이동 │ 移 **이** 옮기다　動 **동** 움직이다

- 面積면적 │ 面 **면** 낯　積 **적** 쌓다

生生활한자
活

의사·변호사보다 공무원·교사 남편이 좋아요!

　여성들이 가장 選好하는 남편의 職業은 무엇일까? 한 결혼 정보 업체가 未婚 남녀를 대상으로 設問調査한 결과, 가장 선호하는 남편의 직업은 醫師나 辯護士가 아닌 公務員이다. 2위도 의외로 教師가 차지했다. 婚需로 열쇠 세 개가 필요하다는 의사는 6위였고, 변호사도 13위로 비인기군으로 墜落했다. 이런 현상은 여성들의 經濟力이 높아지면서 돈보다는 남편이 얼마나 가정적인가를 더 重視하기 때문인 것으로 풀이된다. 반면 남성들이 선호하는 아내의 직업은 교사, 공무원, 일반 事務職 金融職으로 큰 변화를 보이지 않았다.

- 選好선호｜選 선 가리다　好 호 좋다
- 職業직업｜職 직 벼슬　業 업 업
- 未婚미혼｜未 미 아니다　婚 혼 혼인하다
- 設問調查설문조사｜設 설 베풀다　問 문 묻다　調 조 고르다　查 사 사실하다
- 醫師의사｜醫 의 의원　師 사 스승

- 辯護士변호사 | 辯 변 말 잘하다 護 호 보호하다   士 사 선비

- 公務員공무원 | 公 공 공변되다 務 무 일 員 원 수효

- 敎師교사 | 敎 교 가르치다 師 사 스승

- 婚需혼수 | 婚 혼 혼인하다 需 수 구하다

- 墜落추락 | 墜 추 떨어지다 落 락 떨어지다

- 經濟力경제력 | 經 경 날 濟 제 건너다 力 력 힘

- 重視중시 | 重 중 무겁다 視 시 보다

- 事務職사무직 | 事 사 일 務 무 일 職 직 벼슬

- 金融職금융직 | 金 금 쇠 融 융 화하다 職 직 벼슬

박지성 "猛獸처럼 골문 強打"

"박지성은 우리 팀원 모두를 기쁘게 해줬다. 그는 골을 넣을 만한 충분한 資格이 있다. 게다가 그의 골은 대단했다. 그는 우리 팀에서 골을 넣을 뻔한 적이 여러 번 있었다." 박지성에 대한 알렉스 퍼거슨 監督의 稱讚이다. 英國 言論도 박지성의 '첫 골'에 큰 意味를 賦與했다. 일간지 데일리 텔레그라프는 "왼쪽 사이드에서 누구보다도 活潑했던 박지성이 드디어 골을 터뜨렸다"며 "공은 항상 박지성에게 가 있었고, 그는 공이 골로 꽃피울 수 있도록 만들었다"고 전했다. '더 선'은 "루이 사아의 패스를 받은 박지성은 彈丸처럼 슛을 폭발시켰다"며 "에인트호벤 移籍 뒤 터진 잉글랜드 첫 골이었다"고 強調했다. 일간 '더 타임스' 역시 "첫 골을 기념하듯 猛獸처럼 무섭게 골문을 強打했다"고 表現했다. BBC방송 역시 알렉스 퍼거슨 감독의 칭찬을 곁들여 박지성의 골에 注目했다. 맨체스터 유나이티드의 인터넷 홈페이지는 '박지성이 해냈다'는 題目의 메인 기사에서 "퍼거슨의 믿음이 드디어 첫 골로 誕生했다"고 전했다. 유럽 축구 전문 사이트 '유로 스포츠'는 "박지성의 아름다운 슛은 골망을 흔들었고, 상대 골키퍼 마이크 테일러의 鬪志를 잠재워버렸다"고 밝혔다.

- 猛獸맹수 │ 猛 맹 사납다 獸 수 짐승
- 强打강타 │ 强 강 굳세다 打 타 치다
- 資格자격 │ 資 자 재물 格 격 바로잡다
- 監督감독 │ 監 감 보다 督 독 살펴보다
- 稱讚칭찬 │ 稱 칭 일컫다 讚 찬 기리다
- 言論언론 │ 言 언 말씀 論 론 말하다
- 意味의미 │ 意 의 뜻 味 미 맛
- 賦與부여 │ 賦 부 구실 與 여 주다
- 活潑활발 │ 活 활 살다 潑 발 물 뿌리다
- 彈丸탄환 │ 彈 탄 탄알 丸 환 알
- 移籍이적 │ 移 이 옮기다 籍 적 서적·장부
- 强調강조 │ 强 강 굳세다 調 조 고르다
- 表現표현 │ 表 표 겉 現 현 나타나다
- 注目주목 │ 注 주 물대다 目 목 눈
- 題目제목 │ 題 제 표제 目 목 눈
- 誕生탄생 │ 誕 탄 태어나다 生 생 나다
- 鬪志투지 │ 鬪 투 싸움 志 지 뜻

대학생이 아버지에게 肝 60% 移植

　대학생이 肝疾患으로 死境을 헤매는 아버지에게 肝을 移植해 話題가 되고 있다. 화제의 主人公은 계명대 행정학과 3학년에 재학중인 양승영(25) 씨. 食品 製造業에 從事하며 5년 전부터 간질환을 앓아오던 양씨의 아버지 양경석(48) 씨는 최근 肝硬化로 병세가 惡化돼 간이식 수술 외에는 방법이 없다는 診斷을 받았다. 이 같은 悲報를 접한 양씨는 "부모님으로부터 받은 몸이어서 망설일 이유가 없다"며 선뜻 나서 간이식 수술을 하기로 決定했다. 양씨는 계명대 동산의료원에서 15시간에 걸친 마라톤 수술 끝에 자신의 간 60%를 이식하는 데 成功했다. 양씨의 美談을 전해들은 계명대 측은 양씨에게 한 학기 전면 獎學證書를 전달하는 한편 醫療費 전액을 減免해주는 惠澤을 주기로 했다. 또 이 대학 교수와 학생, 직원들도 자체적으로 募金活動을 벌여 양씨에게 誠金과 獻血 증서를 傳達하기도 했다.

▪ 移植이식 | 移 이 옮기다　植 식 심다

肝疾患간질환 | 肝 **간** 간 疾 **질** 병 患 **환** 근심

死境사경 | 死 **사** 죽다 境 **경** 지경

話題화제 | 話 **화** 말하다 題 **제** 표제

製造業제조업 | 製 **제** 짓다 造 **조** 짓다 業 **업** 업

從事종사 | 從 **종** 좇다 事 **사** 일

肝硬化간경화 | 肝 **간** 간 硬 **경** 굳다 化 **화** 되다

惡化악화 | 惡 **악** 악하다 化 **화** 되다

診斷진단 | 診 **진** 보다 斷 **단** 끊다

悲報비보 | 悲 **비** 슬프다 報 **보** 갚다

決定결정 | 決 **결** 터지다 定 **정** 정하다

美談미담 | 美 **미** 아름답다 談 **담** 말씀

獎學證書장학증거 | 獎 **장** 권면하다 學 **학** 배우다 證 **증** 증거 書 **서** 쓰다

醫療費의료비 | 醫 **의** 의원 療 **료** 병 고치다 費 **비** 쓰다

減免감면 | 減 **감** 덜다 免 **면** 면하다

惠澤혜택 | 惠 **혜** 은혜 澤 **택** 못

募金活動모금활동 | 募 **모** 모으다 金 **금** 쇠 活 **활** 살다 動 **동** 움직이다

誠金성금 | 誠 **성** 정성 金 **금** 쇠

獻血헌혈 | 獻 **헌** 바치다 血 **혈** 피

傳達전달 | 傳 **전** 전하다 達 **달** 통달하다

"대머리, 遺傳이라고 拋棄하지 마세요"

"사실 脫毛는 젊은이의 문제입니다. 얼굴에 수염이 나기 시작하는 시기부터 탈모가 시작되니까요." 마이클 번스타인 아시아 두피모발학회 사무총장 겸 스벤슨 技術顧問은 영국 출신의 두피·모발 專門家다. 런던대 출신으로 헤어디자이너에서 두피·모발 전문가로 變身했다. 미국 LA 베벌리 힐스에 자신의 이름을 건 클리닉을 개설하고 탈모를 늦추는 處方을 개발해 할리우드 스타 등 富裕層의 두피와 모발을 맞춤형으로 관리해주기도 한다. 동양인의 탈모를 硏究하기 위해 한국에 들른 번스타인 씨는 "탈모는 豫防이 가능하다"고 強調했다. 머리가 빠지듯이 이도 빠지지만, 스케일링 등 지속적인 관리를 통해 이가 빠지는 걸 늦추는 것과 마찬가지로 탈모 또한 지속적인 관리를 통해 늦출 수 있다는 것이다. 남성의 피지에 포함된 호르몬을 천연물질로 抑制하면 改善 效果를 볼 수 있다는 主張이다. 탈모 原因에는 遺傳적 要因이 지배적인 것으로 알려져 있다. 그러나 번스타인 씨는 "할아버지와 아버지가 대머리라고 해서 일찌감치 拋棄해서는 안 된다"고 말했다. 心臟病도 유전이지만 운동과 식생활 調節로 發病을 豫防할 수 있듯이 탈모도 관리를 통해 예방할 수 있다는 논리다.

- 遺傳유전 | 遺 유 후세에 전하다   傳 전 전하다
- 抛棄포기 | 抛 포 내던지다   棄 기 버리다
- 脫毛탈모 | 脫 탈 벗다   毛 모 털
- 技術顧問기술고문 | 技 기 재주 術 술 재주 顧 고 돌아보다 問 문 묻다
- 專門家전문가 | 專 전 오로지   門 문 문   家 가 집
- 變身변신 | 變 변 변하다   身 신 몸
- 處方처방 | 處 처 살다   方 방 모
- 富裕層부유층 | 富 부 가멸다   裕 유 넉넉하다   層 층 층
- 硏究연구 | 硏 연 갈다   究 구 궁구하다
- 豫防예방 | 豫 예 미리   防 방 둑
- 强調강조 | 强 강 굳세다   調 조 고르다
- 抑制억제 | 抑 억 누르다   制 제 마르다
- 改善개선 | 改 개 고치다   善 선 착하다
- 效果효과 | 效 효 본받다   果 과 실과
- 主張주장 | 主 주 주인   張 장 베풀다
- 原因원인 | 原 원 근원   因 인 인하다
- 要因요인 | 要 요 구하다   因 인 인하다
- 心臟病심장병 | 心 심 마음   臟 장 오장   病 병 병
- 調節조절 | 調 조 고르다   節 절 마디
- 發病발병 | 發 발 쏘다   病 병 병

3. 생활한문

1) 속담俗談과 격언格言

甘呑苦吐감탄고토

呑 탄 삼키다　吐 토 뱉다, 토하다

➜ 달면 삼키고 쓰면 뱉는다.

신의나 지조를 돌보지 않고 자기에게 이로우면 잘 사귀어 쓰나 필요하지 않으면 배척한다는 뜻.

見蚊拔劍견문발검

蚊 문 모기　拔 발 빼다, 뽑다

➜ 모기 보고 칼 빼든다.

대단치도 않는 일에 쓸데없이 성내는 사람. 소견이 좁음을 비유.『송남잡지松南雜識』

鯨戰鰕死경전하사

鯨 경 고래　鰕 하 새우

➜ 고래 싸움에 새우 등 터진다.

강자끼리 다투는 사이에 아무런 관계없는 약자가 피해를 입음.『순오지旬五志』

凍足放尿동족방뇨

凍 동 얼다   尿 뇨 오줌

➡ 언 발에 오줌누기.

잠시의 효력이 있을 뿐으로 곧 그 효력은 없어진다. 『순오지旬五志』

盲人直門맹인직문

直 직 곧다, 바로잡다, 마주 대하다

➡ 봉사 문고리 잡기.

　도무지 재간도 없고 솜씨도 없는 자가 우연히 일을 잘함. 무턱대고 한 일이 뜻밖에 꼭 들어맞음. 『순오지旬五志』

　· 聞一知十(문일지십) 하나를 들으면 열을 앎. 매우 영특하다는 뜻.

猫項懸鈴묘항현령

猫 묘 고양이   項 항 목덜미   懸 현 달다, 걸다   鈴 령 방울

➡ 고양이 목에 방울 달기.

　실행하지도 못할 것을 공연히 의논함. 『순오지旬五志』

75

山戰水戰산전수전

➔ 단맛 쓴맛 다 보다.

모든 세상 경험을 다 겪어봤다는 뜻.

生巫殺人생무살인

巫 무 무당

➔ 선무당이 사람 잡는다.

능숙하지도 못하고 잘 알지도 못하면서 아는 체하여 일을 하다가 아주 못쓰게 그르침. 『동언해東言解』

西瓜皮舐서과피지

瓜 과 오이 舐 지 핥다, 빨다

➔ 수박 겉 핥기.

내용이나 참 뜻은 모르면서 일을 함. 『동언해東言解』

失馬治廄실마치구

廄 구 외양간

➜ 말 잃고 외양간 고친다.

　평소에 대비가 없어 실패한 다음에 뒤늦게 깨달아 대비를

함. 『순오지旬五志』

若拔痛齒약발통치

拔 발 빼다　痛 통 아프다

➜ 앓던 이가 빠진 것 같다.

　걱정을 끼치던 것이 없어져 시원함. 『동언해東言解』

五月飛霜오월비상

飛 비 날다　霜 상 서리

➜ 여자의 독한 마음에 오뉴월에도 서리가 내린다.

　여자의 마음이 한번 삐뚤어져 저주하고 원한을 품게 되면 날

씨가 더운 오뉴월에도 서릿발이 칠 만큼 독함. 『송남잡지松南雜識』

類類相從 유유상종

類 유 같다, 비슷함, 무리

➡ 같은 깃의 새는 같이 모인다.

동류끼리 서로 모인다는 뜻.

以卵投石 이란투석

卵 란 알　**投 투** 던지다

➡ 계란으로 바위 치기.

약한 힘으로 강한 것에 대항하여도 소용 없음.

知斧足斫 지부족작

斧 부 도끼　**斫 작** 찍다, 치다

➡ 아는 도끼에 발등 찍힌다.

알고 있다고 주의를 하지 않아 실수하게 됨. 『동언해東言解』

塵合泰山진합태산

塵 진 티끌

➡ 티끌 모아 태산.

아무리 작은 것이라도 모이면 큰 것이 될 수 있음.

椎輕釘聳치경정용

椎 치 망치, 치다　釘 정 못　聳 용 솟다

➡망치가 가벼우면 못이 솟는다.

　윗사람이 엄격하지 않으면 아랫사람이 순종하지 않고 도리

어 반항함. 『순오지旬五志』

咸興差使함흥차사

➡ 심부름 간 사람이 떠난 뒤 다시 돌아오지 않음.

　·差使(차사) : 중요한 임무를 위하여 파견하는 임시직 벼슬.

後生角兀 후생각올

兀 올 우뚝하다, 민둥민둥하다, 무식하다, 위태롭다

➜ 나중 난 뿔이 우뚝하다.

후배가 선배보다 낫다. 『동언해東言解』

2) 명구名句와 명언名言

他人之宴에 曰梨曰枾라.

宴 연 잔치 枾 시 감

➡ 남의 잔치에 배 놓아라 감 놓아라 한다.

　쓸데없이 남의 일에 간섭함을 말함.

木難上이어든 不可仰이라.

仰 앙 우러러보다, 쳐다보다

➡ 오르지 못할 나무 쳐다보지도 마라.

　자기 능력 밖의 일은 아예 욕심을 내지 말라는 뜻.

寧爲鷄口할지언정 勿爲牛後하라.

寧 녕 차라리, 오히려 鷄 계 닭 勿 물 ~마라(금지를 나타냄)

➡ 닭 벼슬이 될망정 소꼬리는 되지 마라.

　크고 훌륭한 자의 뒤꽁무니를 쫓아다니는 것보다 차라리 작고 보잘것없는 데서 남의 우두머리가 되는 것이 좋음.

夫婦戰은 刀割水라.

割 할 자르다

➜ 부부싸움은 칼로 물 베기.

부부간의 싸움은 칼로 물을 베는 것처럼 흔적도 남지 않고 도
로 합하는 것과 같이 화합한다는 뜻. 『동언해東言解』

種瓜得瓜요 種豆得豆라.

種 종 심다, 뿌리다, 씨, 종류

➜ 콩 심은 데 콩 나고, 팥 심은 데 팥 난다.

원인에 따라 결과가 생김. 『명심보감明心寶鑑』

積功之塔이 豈毁乎아?

積 적 쌓다   豈 기 어찌   毁 훼 무너지다, 헐다

➜ 공든 탑이 무너지랴?

공을 들여 이룬 일은 그 결과가 헛되지 않고 오래 유지됨.

來語不美면 去語何美리요.

➜ 오는 말이 고와야 가는 말이 곱다.

남이 나에게 잘 대해야 나도 남에게 잘 대한다. 『순오지旬五志』

馬雛下鄉하고 人雛上京하라.

雛 추 병아리, 새 새끼, 아이

➜ 망아지는 시골로, 사람의 자식은 서울로.

사람은 도시에서 자라고 배워야 견문도 넓어지고 잘될 수

있음. 『동언해東言解』

養子息이라야 知親功이라.

➜ 자식을 길러봐야 어버이 공을 안다.

자신이 겪어봐야 부모의 은덕을 알게 됨. 『열상방언洌上方言』

三年狗尾하여도 不爲黃毛라.

狗 구 개 尾 미 꼬리

➜ 개꼬리 삼 년 묻어도 황모되지 않는다.

본래부터 타고난 좋지 않은 것은 아무리 하여도 그 본질이
좋게 될 수 없음. 『동언해東言解』

千里之行도 始於足下라.

➜ 천리 길도 한 걸음부터.

무슨 일이든 시작이 중요함을 말함. 『노자老子』

聞則是病이요, 不聞是藥이라.

聞 문 듣다 藥 약 약

➜ 들으면 병이요, 안 들으면 약이다.

들어서 근심될 일이라면 차라리 안 듣는 것이 낫다.

『이담속찬耳談續纂』

水深雖知_{라도} 人心難知_라.

➡ 열 길 물 속은 알아도 한 길 사람 속은 모른다.
  사람의 마음은 알기 어렵다. 『송남잡지松南雜識』

十斫之木_{이면} 罔不顚覇_라.

斫 작 찍다. 치다 　**罔 망** 없다. ~마라. 그물. 그물질하다. 속이다.
顚 전 넘어지다, 머리, 이마, 꼭대기

➡ 열 번 찍어 안 넘어가는 나무 없다.

三歲之習_이 至于八十_{이라}.

➡ 세 살 버릇이 여든까지 간다.

耳懸鈴이고 鼻懸鈴이다.

懸 현 걸다 鈴 령 방울

➜ 귀에 걸면 귀걸이, 코에 걸면 코걸이.

자기의 일정한 생각이 없이 이랬다 저랬다 함. 『송남잡지松南雜識』

舊官名官이요 同價紅裳이라.

價 가 값 裳 상 치마

➜ 옛 관리가 이름 있는 관리요, 같은 값이면 다홍치마이다.

人死留名하고 虎死留皮라.

留 류 머무르다, 남기다

➜ 사람이 죽으면 이름을 남기고, 호랑이가 죽으면 가죽을 남긴다.

婦家情篤하면 拜厥馬杖이라.

厥 궐 그(지시대명사) 杖 장 지팡이, 짚다, 때리다, 잡다

➔ 아내가 귀여우면 처갓집 말뚝보고 절을 한다.

　아내가 예쁘면 처가에 대해서도 좋은 감정을 가짐.

『이담속찬耳談續纂』

無足之言이 飛于千里니라.

➔ 발 없는 말이 천 리 간다.

　비밀로 하는 말도 잘 퍼지니, 말조심해야 한다.

吾鼻涕가 垂三尺이라.

涕 체 눈물, 울다 垂 수 늘어지다, 드리우다

➔ 내 코가 석자.

　내 사정이 급해서 남을 돌볼 여유가 없다는 말. 『동언해東言解』

談虎虎至_{하고} 談人人至_라.

➜ 호랑이도 제 소리하면 오고, 사람도 제 말하면 온다.

　어느 곳에서나 그 자리에 없다고 해서 남의 험담을 하지 말라는 뜻임. 마침 화제에 오르고 있는 제삼자가 그 자리에 나타났을 때 하는 말.「이담속찬耳談續纂」

臥柿樹下_{하면서} 望柿落_{한다}.

臥 와 눕다　柿 시 감, 감나무

➜ 감나무 밑에 누워 감이 입 안에 떨어지기를 바란다.

아무런 노력도 하지 않은 채 좋은 결과를 기다림.「동언해東言解」

衣以新爲好_{하고} 人以舊爲好_라.

➜ 옷은 새 옷이 좋고, 사람은 옛사람이 좋다.

　사람은 오래 사귈수록 인정이 더 두텁게 됨.「순오지旬五志」

一覆之水는 不復盛器라.

覆 복 엎어지다, 뒤집다 盛 성 담다 器 기 그릇

➜ 한번 엎지른 물은 다시 주워담지 못한다.

한번 저지른 실수는 다시 수습하지 못함.

一日之狗는 不知畏虎라.

畏 외 두려워하다

➜ 하룻강아지 범 무서운 줄 모른다.

철모르고 함부로 덤비는 것을 말함. 『이담속찬耳談續纂』

竊鍼不休면 終必竊牛다.

竊 절 훔치다, 도둑질하다, 鍼 침 바늘

➜ 바늘 도둑이 소 도둑 된다.

처음에는 하찮은 것을 훔치다가 나중에 큰 것까지 도둑질하

게 된다. 『이담속찬耳談續纂』

晝語鳥聽하고 **夜話鼠聽**한다.

晝 주 낮   鼠 서 쥐

➜ 낮 말은 새가 듣고, 밤 말은 쥐가 듣는다.

아무리 몰래 한 말도 반드시 남의 귀에 들어가게 된다.

『동언해東言解』

千丈淵可知하여도 **美人心不知**라.

淵 연 못

➜ 천 길 물속은 알아도 여자 마음속은 모른다.

여자의 마음은 변하기 쉬워서 짐작할 수 없음. 『동언해東言解』

忍一時之忿이면 **免百日之憂**니라.

忿 분 성내다   憂 우 근심

➜ 일시의 분을 참으면 백 일의 근심을 면한다. 『명심보감明心寶鑑』

家貧則思賢妻요 國亂則思良相이라.

貧 빈 가난하다 賢 현 어질다 亂 란 어지럽다 相 상 정승, 재상

➜ 집이 가난하면 어진 아내를 생각하게 되고, 나라가 어지러우면 어진
재상을 생각하게 된다.

『추구推句』

不登高山이면 不知天之高하고 不臨深溪면 不知地之厚니라.

臨 림 임하다 溪 계 시내

➜ 높은 산에 올라가지 않으면 하늘이 높은 것을 알 수 없고, 깊은 계곡
에 임하지 않으면 땅이 깊은 것을 알 수 없다.

『순자荀子』

玉不琢이면 不成器요, 人不學이면 不知道라.

琢 탁 쪼다, 다듬다

➜ 옥은 다듬어지지 않으면 그릇을 이루지 못하고, 사람은 배우지 않으면
도를 알지 못한다.

『예기禮記』

學而不思則罔하고 思而不學則殆니라.

罔 망 어둡다　殆 태 위태롭다

➜ 배우고 생각하지 않으면 어둡고, 생각하기만 하고 배우지 않으면 위태
롭다.

『논어論語』

謂學不暇者는 雖暇라도 亦不能學矣니라.

謂 위 이르다, 말하다　暇 가 겨를, 짬

➜ 배움에 겨를이 없다고 말하는 사람은 비록 겨를이 있더라도 또한 능히
배우지 아니할 것이다.

『순자荀子』

破山中賊은 易이나, 破心中賊은 難이라.

賊 적 도둑

➜ 산속의 도둑은 피하기 쉬우나, 마음속의 도둑은 피하기 어렵다.

『양명전서陽明全書』

孝者는 德之本也요, 信者는 人之大寶也라.

➡ 효라는 것은 덕의 근본이요, 믿음이라는 것은 사람의 큰 보배다.

『중용中庸』

愛人者는 人恒愛之하고, 敬人者는 人恒敬之니라.

恒 항 항상

➡ 남을 사랑하는 사람은 사람들이 언제나 그를 사랑하고, 남을 공경하는
사람은 사람들이 언제나 그를 공경한다.

『맹자孟子』

士爲知己者而死요 女爲悅己者而容이라.

爲 위 위하다   悅 열 기쁘다   容 용 얼굴, 꾸미다, 화장하다, 용서하다

➡ 선비란 자신을 알아주는 자를 위해서 죽고, 여자란 자신을 즐겁게 해
주는 자를 위해서 맵시를 낸다.

『사기史記』

九層之臺도 起於累土라.

臺 대 누대 累 루 포개어 쌓다

➜ 구 층의 누대도 흙을 쌓아 올리는 것에서 시작한다.

『노자老子』

積善之家에 必有餘慶이요, 積不善之家에 必有餘殃이라.

積 적 쌓다 殃 앙 재앙

➜ 선행을 쌓은 집에는 반드시 많은 경사가 있고, 악행을 쌓은 집에는 반
드시 많은 재앙이 있다.

『주역周易』

賢婦令夫貴하고, 惡婦令夫賤하니라.

令 령 ～로 하여금 ～하게 하다, 賤 천 천하다

➜ 어진 아내는 남편을 귀하게 여기고, 못된 아내는 남편을 천하게 여
긴다.

『명심보감明心寶鑑』

從善은 如登이요, 從惡은 如崩이니라.

崩 붕 무너지다

➜ 선을 따르는 것은 산을 오르는 것과 같고, 악을 따르는 것은 산이 무너지는 것과 같다.

『당서唐書)

水至淸則無魚하고, 人至察則無徒니라.

察 찰 살피다 徒 도 무리

➜ 물이 지극히 맑으면 고기가 없고, 사람이 지극히 살피면 따르는 친구가 없다.

『공자가어孔子家語』

福生於淸儉하고, 德生於卑退라.

儉 검 검소하다 卑 비 낮추다

➜ 복은 청렴과 검소함에서 생기고, 덕은 자기를 낮춤과 물러섬에서 생긴다.

『한비자韓非子』

不入虎穴이면, 不得虎子라.

穴 혈 구멍

호랑이 굴에 들어가지 않으면, 호랑이 새끼를 얻지 못한다.

『후한서後漢書』

事師如親하여 必恭必敬하라.

事 사 섬기다　恭 공 공손하다

➔ 스승 섬기기를 어버이와 같이하여 반드시 공손하고 반드시 공경하라.

『소학小學』

良藥은 苦於口나 利於病하고, 忠言은 逆於耳나 利於行이라.

苦 고 쓰다　逆 역 거슬리다

➔ 좋은 약은 입에는 쓰지만 병에는 좋고, 좋은 말은 귀에는 거슬리지만 행동에는 도움이 된다.

『공자가어孔子家語』

天下之難事는 必作於易하고, 天下之大事는 必作於細니라.

➔ 천하의 어려운 일은 반드시 쉬운 일에서 일어나고, 천하의 큰 일은 반드시 작은 일에서 일어난다.

『한비자韓非子』

學問은 如逆水行舟하야 不進則退니라.

➜ 학문은 마치 물을 거슬러 오르는 배와 같아서 나아가지 않으면 물러서게 된다.

『논어論語』

奢者는 心常貧이요, 儉者는 心常富니라.

奢 사 사치하다

➜ 사치스러운 자는 마음이 항상 가난하고, 검소한 자는 마음이 항상 부유하다.

『명심보감明心寶鑑』

水去不復回요 言出難更收라.

更 갱 다시 收 수 거두다

➜ 물은 흘러가면 다시 돌아오지 않고, 말은 뱉어 버리면 다시 거둬들일 수가 없다.

『추구推句』

一日不讀書면 口中生荊棘이라.

荊 형 가시 棘 극 가시

➜ 하루라도 글을 읽지 않으면, 입 안에 가시가 돋아난다.

『추구推句』

道吾善者는 是吾賊이요, 道吾惡者는 是吾師니라.

道 도 말하다

➜ 나의 좋은 점을 말하는 자는 곧 나의 적이요, 나의 나쁜 점을 말하는
자는 곧 나의 스승이다.

『명심보감明心寶鑑』

知足者는 貧賤亦樂이요, 不知足者는 富貴亦憂니라.

➜ 만족함을 아는 자는 가난하고 천하여도 또한 즐겁고, 만족함을 모르는
자는 부유하고 귀하여도 또한 걱정한다.

『명심보감明心寶鑑』

嚴父는 出孝子하고, 嚴母는 出孝女니라.

嚴 엄 엄하다

➜ 엄한 아버지는 효자를 길러내고, 엄한 어머니는 효녀를 길러낸다.

『명심보감明心寶鑑』

憐兒어든 多與棒하고, 憎兒어든 多與食하라.

憐 련 어여삐 여기다, 불쌍히 여기다 與 여 주다 棒 봉 몽둥이, 매,
憎 증 미워하다

➜ 아이를 사랑하거든 매를 많이 주고, 아이를 미워하거든 밥을 많이 주어라.

『명심보감明心寶鑑』

身體髮膚는 受之父母라 不敢毁傷이 孝之始也요. 立
身行道하여 揚名於後世하여 以顯父母가 孝之終也니라.

髮 발 터럭 膚 부 살갗 敢 감 감히 毁 훼 헐다 揚 양 날리다,
顯 현 밝다, 나타나다, 드러나다, 드러내다

➜ 몸과 터럭과 살은 이것을 부모에게서 받았으니, 감히 헐고 상하게 하
지 않음이 효도의 시작이다. 몸을 세우고 도를 행하여 이름을 후세에
드날려서 이로써 부모를 빛나게 하는 것이 효도의 끝이다.

『효경孝經』

富潤屋이요 德潤身이라.

潤 윤 윤택하다 屋 옥 집

➜ 부는 집을 윤택하게 하고, 덕은 몸을 윤택하게 한다.

『대학大學』

畫虎畫皮難畫骨이요, 知人知面不知心이라.

畫 화 그리다, 그림

➜ 호랑이를 그릴 때 겉가죽은 그릴 수 있어도 뼈까지는 그리기 어렵고,
사람을 사귈 때 얼굴은 알 수 있어도 속마음은 알 수 없다.

『명심보감明心寶鑑』

忠信은 不事二君이요, 烈女는 不更二夫니라.

➜ 충신은 두 임금을 섬기지 않고, 열녀는 두 지아비를 섬기지 않는다.

『명심보감明心寶鑑』

欲知其君이면 先視其臣하고, 知識其人이면 先視其友
하고, 欲知其父면 先視其子하라.

➜ 그 임금을 알려고 하면 먼저 그 신하를 보고, 그 사람을 알려고 하면
먼저 그 친구를 보고, 그 부모를 알려고 하면 먼저 그 자식을 보라.

『명심보감明心寶鑑』

心不在焉이면 視而不見하고 聽而不聞하며 食而不知
其味니라.

→ 마음이 있지 않으면 보아도 보이지 않고, 들어도 들리지 않으며, 먹어
도 그 맛을 알지 못한다.

· 心不在焉(심부재언) : 마음이 있지 않다, 마음이 딴 곳에 있다, 마음속으
로 딴 생각을 하다

『대학大學』

物有本末하고 事有終始하니, 知所先後면 則近道矣니라.

本 (본) 근본, 末 (말) 끝

→ 사물에는 근본과 끝이 있고 일에는 끝과 시작이 있으니, 먼저 해야 할
것과 나중에 해야 할 것을 알면 도에 가까울 것이다.

『대학大學』

人不知而不慍이면 不亦君子乎아.

慍 (온) 성내다

→ 남이 알아주지 않더라도 성내지 않으면 또한 군자가 아니겠는가?

『논어論語』

溫故而知新이면 可以爲師矣니라.

溫 온 익히다

➜ 옛사람들의 학문을 잘 익혀서 새로운 것의 이치를 잘 터득하면 가히 스승이 될 수 있다. 『논어論語』

勿謂今日不學而有來日하며 勿謂今年不學而有來年하라. 日月逝矣라 歲不我延이니 嗚呼老矣라 是誰之愆인고.

逝 서 가다   **延** 연 끌다, 늦추다, 늘이다   **愆** 건 허물, 잘못

➜ 오늘 배우지 않으면서 내일이 있다고 말하지 말며, 올해 배우지 않으면서 내년이 있다고 말하지 말라. 해와 달이 가니, 세월은 나를 기다려주지 않는다. 아! 늙어가는구나. 이것이 누구의 허물인가?   〈주희朱熹〉

· 日月逝矣(일월서의) : 해와 달이 간다, 세월이 흘러간다,

三人行에 必有我師焉이니 擇其善者而從之요 其不善者而改之니라.

擇 택 가리다

➜ 세 사람이 길을 가면 반드시 나의 스승이 있으니, 그 가운데 착한 자의 좋은 점을 가려서 따르고, 그 가운데 착하지 못한 자의 나쁜 점을 가려서 자신의 잘못을 바로잡아야 한다.   『논어論語』

弟子入則孝하고 出則弟하며 謹而信하며 汎愛衆하되 而親仁이니 行有餘力이어든 則以學文이니라.

弟 제 공손하다　謹 근 삼가다　汎 범 넓다

➜ 제자가 집에 들어와서는 효도하고 밖에 나가서는 공손하며, 행실을 삼가고 말을 신중히 하며, 널리 사람들을 사랑하되 어진 사람을 가까이 해야 하니, 이것을 행하고 남은 힘이 있으면 글을 배워야 한다.

『논어論語』

吾十有五而志于學하며 三十而立하고 四十而不惑하고 五十而知天命하며 六十而耳順하고 七十而從心所欲하되 不踰矩니라.

立 립 자립하다, 모든 일에 자신이 있음　惑 혹 미혹되다, 의혹되다,
踰 유 넘다, 벗어나다　矩 구 법도

➜ 나는 열다섯 살에 학문에 뜻을 두었고, 서른 살에는 자립하였으며, 마흔 살에는 사물의 이치를 모두 알아 의심스러운 것이 없었고, 쉰 살에는 천명을 알게 되었으며, 예순 살에는 귀로 듣는 모든 말을 바로 이해하였고, 일흔 살에는 마음이 하고 싶은 대로 하여도 법도에 어긋나지 않았다. 『논어論語』

· 十有五(십유오) : 15세를 말함

· 不惑(불혹) : 의심스러운 것이 없음

· 耳順(이순) : 귀로 무슨 말을 들어도 바로 이해가 됨

· 從心所欲(종심소욕) : 마음이 하고 싶은대로 함

· 不踰矩(불유구) : 법도에 어긋나지 않음,

民爲貴하고 社稷次之하고 君爲輕이니라.

➡ 백성이 가장 귀중하고, 사직이 그 다음이고, 군주는 가벼운 것이다.

『맹자孟子』

· 社稷 사직 : 토지의 신과 五穀오곡의 신, 국가를 의미함

君子有三樂而王天下不與存焉이니라. 父母俱存하며
兄弟無故가 一樂也요, 仰不愧於天하며 俯不怍於人이
二樂也요, 得天下英才而敎育之가 三樂也니라.

俱 구 다, 모두, 함께 仰 앙 우러러보다 愧 괴 부끄럽다 俯 부 구부리
다, 怍 작 부끄럽다

➡ 군자에게는 세 가지의 즐거움이 있는데, 천하에 왕 노릇 하는 것은 여
기에 포함되어 있지 않다. 부모가 모두 생존해 계시며, 형제가 무고한
것이 첫 번째 즐거움이요, 우러러보아 하늘에 부끄러움이 없으며 굽어
보아 남에게 부끄러움이 없는 것이 두 번째 즐거움이요, 천하의 영재

를 얻어 교육하는 것이 세 번째 즐거움이다.

『맹자孟子』

· 無故(무고) : 아무 탈이 없이 평안함,

夫道剛直하고 婦德柔順하며 愛之敬之가 夫婦之禮니 夫唱婦隨하면 家道成矣니라.

➜ 남편의 도는 굳세고 곧아야 하고, 아내의 덕은 유순해야 하며, 서로 사랑하고 공경하는 것이 부부의 예의이니, 남편이 주창하고 아내가 따르면 집안의 도가 이루어진다.

『소학小學』

· 剛直(강직) : 마음이 굳세고 곧음
· 柔順(유순) : 온화하고 공순함

2. 고사성어
故事成語

1) 한국편韓國篇

(1) 借鷄騎還차계기환

金先生은 善談笑라. 嘗訪友人家러니 主人이 設酌에 只佐蔬菜하고 先謝하여 曰 家貧市遠하여 絶無兼味하고 惟淡泊是愧耳라 하였다. 適有群鷄하여 亂啄庭이라. 金이 曰 大丈夫는 不惜千金이니 當斬吾馬하여 佐酒하리라 하였다. 主人이 曰 斬馬하면 騎何物而還인고 하니 金이 曰 借鷄騎還하리라 할새 主人이 大笑하고 殺鷄餉之하더라.

　　김선생은 우스갯소리를 잘했다. 일찍이 친구의 집을 방문했는데, 친구가 술상을 차려 내왔는데 안주는 채소뿐이었다. 친구가 먼저 사과하면서, "집이 가난하고 시장이 멀어 담백한 채소뿐이니 부끄럽네"라고 말했다. 때마침 여러 마리의 닭들이 뜰에서 어지러이 모이를 쪼아대고 있었다. 김선생이, "대장부는 천금을 아끼지 않는다고 했으니, 마땅히 내 말을 베어서 술안주로 삼겠네" 하였다. 그러자 친구가, "말을 베면 무엇을 타고 자네 집으로 돌아가려나?" 하자, 김선생이 "닭을 빌려 타고 감세" 하였다. 이에 친구가 크게 웃고서

닭을 잡아 김선생을 대접하였다.

[한자풀이]

善 선 잘하다   謝 사 사과하다   絕 절 전혀, 참으로   耳 이 ~할 따름이
다   適 적 때마침   斬 참 베다   餉 향   먹이다, 대접하다

[어구풀이]

• 談笑(담소) : 웃으며 이야기 함.

• 只佐蔬菜(지좌소채) : 단지 채소만으로 술에 곁들이다, 즉 채소만으로 술
  안주를 하였음.

• 絕無兼味(절무겸미) : 두 가지 이상의 음식 즉, 채소 이외에는 다른 안주
  가 없음. 兼味(겸미)는 맛을 겸함.

[출전]

• 太平閑話滑稽傳(태평한화골계전) : 조선 성종 때의 문신 서거정徐居正
  (1420~1488)이 항간巷間에 돌아다니는 민간실화民間實話를 엮은 설화.

生活 생활한문

(2) 蔡壽채수와 無逸무일

蔡壽有孫한데 曰 無逸이라. 年僅五六歲라. 壽夜抱無逸而臥하다가 先作一句하여 詩曰 孫子夜夜讀書不라 하고서 使無逸對之하였더니 對曰 祖父朝朝飮酒猛이라 하였다. 壽又於雪中에 負無逸而行하다가 作一句하여 詩曰 犬走梅花落하며 語卒하자 無逸對曰 鷄行竹葉成이라 하였다.

채수에게는 손자가 있었는데 이름이 무일이었다. 무일의 나이가 겨우 대여섯 살 때였다. 채수가 밤에 무일을 안고 누웠다가 먼저 한 구절의 시를 지었다. "손자는 밤마다 책을 읽지 않는구나." 무일에게 대답하라 했더니, 그가 "할아버지는 아침마다 약주를 많이 잡수신다"고 했다. 채수가 또 무일을 업고 눈 속을 가다가 시 한 구절을 지어, "개가 달려가니 매화꽃이 뚝뚝 떨어진다"고 하였다. 말이 끝나자 무일이 대답하며, "닭이 지나가니 댓잎이 그려지네" 하였다.

한자풀이

僅 근 ≒ 纔(재) 겨우 負 부 업다 猛 맹 사납다는 뜻이나, 여기에서는 '많이 마심'을 뜻함 對 대 서로 같거나 비슷한 상대. 어울리는 짝. 글에 짝을 맞추다 卒 졸 마치다, 끝나다

어구풀이

- 蔡壽(채수, 1449~1515) : 조선 성종 때의 학자로 자는 기지耆之, 호는 나재懶齋. 이석형李石亨과 함께 조선 개국 이래 삼장三場에 연이어 장원한 두 사람 가운데 한 명으로, 산경山經·지지地誌·시문詩文 등에 능했음.

- 蔡無逸(채무일, 1496~1556) : 조선 연산군 때의 문신으로 자는 거경居敬, 호는 일계逸溪·휴암休菴. 그림에 뛰어나 중종이 죽었을 때 중종의 초상화를 그렸고, 팔분체八分體의 글씨에 뛰어났으며, 음률音律·의약醫藥·복서卜筮 등에도 능했음.

- 夜夜(야야) : 저녁마다

- 犬走梅花落(견주매화락) : 개가 달리니 매화가 떨어짐. 즉 개의 발자국이 매화 꽃잎 모양과 같음을 말함.

- 鷄行竹葉成(계행죽엽성) : 닭이 지나가니 댓잎이 그려짐. 즉 닭의 발자국이 대나무 잎 모양과 같음을 말함.

生활한문

출전

• 於于野譚(어우야담) : 조선 선조 때의 문신 유몽인柳夢寅(1559~1623)이 지은 책으로, 조선조 초기의 양반 계층 사이에 여기餘技의 대상으로 자리잡혀 속출되었던 '소화笑話' 위주의 설화집 전통을 이어받아, 새로운 차원의 설화문학인 '야담野談'을 출현시킨 저서임.

(3) 黃喜황희의 지혜

> 昔者에 黃相國喜가 微時에 行役이라가 憩于路上할때
> 見田夫駕二牛耕者하고 問曰 二牛가운데 何者爲勝한
> 고 하니 田夫가 不對하고 輟耕而至하며 附耳細語曰 此
> 牛가 勝이라 하였다. 公이 怪之하여 曰 何以附耳相語하
> 니 田夫가 曰 雖畜物이나 其心은 與人同也라. 此勝이
> 면 則彼劣하니 使牛聞之하면 寧無不平之心乎리요? 하
> 니 公이 大悟하여 遂不復言人之長短云이더라.

옛날에 재상宰相 황희가 벼슬을 하지 않고 있을 때 길을 가다가 길 위에서 휴식을 취하면서 농부가 소에 멍에를 얹고 밭가는 것을 보고, 농부에게 묻기를, "두 마리 소 가운데 어떤 소가 우수한가?" 하니, 농부가 대답하지 않고 밭 가는 것을 멈추고서 황희에게 다가와 그의 귀에 대고 속삭이며, "이 소가 우수합니다" 하고 대답하였다. 황희가 이상히 여겨, "어찌하여 귀에 대고 말하는가?" 하고 물으니, 농부가 말하기를, "비록 가축일지라도 그 마음은 사람과 똑같습니다. 이 소가 우수하면 곧 저 소가 못한 것이니, 소로 하여금 그것을 듣게 한다면

111

어찌 불평하는 마음이 없겠습니까?" 하였다. 황희가 크게 깨닫고 마침내 다시는 남의 장점과 단점을 말하지 않았다고 하더라.

한자풀이

憩 게 쉬다   勝 승 낫다, 우수하다   寧 녕 어찌

어구풀이

- 相國(상국) : 임금을 보필하며 모든 관원을 지휘·감독하는 자리에 있는 이품二品 이상의 벼슬을 통틀어 이르던 말로 국상國相이 도치됨.

- 微時(미시) : 아직 벼슬을 하지 않을 때

- 田夫(전부) : 농부

- 輟耕(철경) : 밭 가는 것을 멈추다

- 細語(세어) : 가는 소리로 말하다 즉, 속삭이다

- 相語(상어) : 말하다

- 長短(장단) : 장점과 단점

출전

- 芝峰類說(지봉유설) : 조선 중기의 명신 이수광李睟光(1563~1628)이 1614년(광해군 6)에 편찬한 한국 최초의 백과사전적인 저술.

2) 중국편中國篇

(1) 管鮑之交관포지교

管仲이 曰 吾始困時에 嘗與鮑叔으로 賈하여 分財利에 多自與나 鮑叔이 不以我爲貪은 知我貧也요. 吾嘗爲鮑叔謀事하여 而更困窮이나 鮑叔이 不以我爲愚는 知時有利不利也요. 吾嘗三仕하여 三見逐於君이나 鮑叔이 不以我爲不肖는 知我不遇時也요. 吾嘗三戰三走이나 鮑叔이 不以我爲怯은 知我有老母也니라. 公子糾敗에 召忽은 死之하고 吾는 幽囚受辱이나 鮑叔이 不以我爲無恥는 知我不羞小節하고 而恥功名이 不顯於天下也니 生我者는 父母요, 知我者는 鮑子也니라.

관중이 말하였다. "내가 처음에 곤궁할 때 일찍이 포숙과 함께 장사를 했는데, 재물의 이익을 나눔에 내가 많이 가져갔으나, 포숙이 나를 욕심쟁이라고 여기지 않은 것은 내가 가난한 것을 알았기 때문이다. 내가 일찍이 포숙을 위해서 일을 도모하다가 다시 곤궁하게 되었으나, 포숙이 나를 어리석다고 여기지 않은 것은, 때에는 이로움과 이롭지 않음이 있음을 알았기 때문이다. 내가 일찍이 세 번 벼

슬하여 세 번이나 임금에게 쫓김을 당하였으나, 포숙이 나를 못나고
어리석다고 여기지 않은 것은 내가 때를 만나지 못했음을 알았기 때
문이다. 내가 일찍이 세 번의 싸움에서 세 번 도망갔으나, 포숙이
나를 겁쟁이라고 여기지 않은 것은 나에게 늙은 어머니가 있음을 알
았기 때문이다. 공자 규가 패하니 소홀은 거기에서 죽고 나는 감옥
에 갇혀서 치욕을 당하였으나, 포숙이 나를 수치심이 없다고 여기지
않은 것은 내가 작은 절개에 부끄러워하지 않고 공명이 천하에 드러
나지 않음을 부끄러워한다는 것을 알았기 때문이다. 나를 낳은 분은
부모요, 나를 알아주는 사람은 포숙이다."

한자풀이

管 관 대롱, 鮑 포 절인 고기 交 교 사귀다 困 곤 곤궁하다, 가난하
다 賈 고 장사하다 貧 빈 가난하다 謀 모 꾀하다 仕 사 벼슬하다
遇 우 만나다 怯 겁 겁내다, 비겁하다 恥 치 부끄러워하다 羞 수 부
끄러워하다 顯 현 나타나다, 드러나다

어구풀이

• 管鮑之交(관포지교) : 관중과 포숙의 사귐, 곧 벗 사이의 다정한 사귐을

일컫는 말

- 管仲(관중) : 춘추시대春秋時代 제齊나라 영상인穎上人. 이름은 이오夷吾. 처음에는 공자公子 규糾를 섬겼고, 나중에는 제齊나라 환공桓公을 섬겨 재상宰相이 됨
- 鮑叔(포숙) : 이름은 숙아叔牙. 제齊나라 대부大夫. 관중을 제 환공에게 천거薦擧하여 패업霸業을 성취함
- 吾始困時(오시곤시) : 내가 처음에 가난할 때
- 嘗與鮑叔賈(상여포숙고) : 일찍이 포숙과 더불어 장사를 했다. 嘗(상)은 '일찍이', 與(여)는 '~와 더불어'
- 分財利(분재리) : 재물의 이익을 나눔
- 多自與(다자여) : 원래는 '多與自(다여자)' 서로 목적어를 도치시킨 문장임. 與(여)는 '주다'의 뜻임. 자신에게 많이 줌, 즉 자기의 몫을 많이 함
- 不以我爲貪(불이아위탐) : 나를 욕심쟁이라고 여기지 않다. 以~爲는 '~을~라고 여기다'
- 知我貧也(지아빈야) : 내가 가난함을 알기 때문이다. 也(야)는 '~이기 때문이다', 즉 이유를 표시
- 謀事而更困窮(모사이갱곤궁) : 일을 도모하다가 다시 곤궁하게 됨
- 時有利不利也(시유리불리야) : 때가 이로움과 이롭지 않음이 있음을 알았기 때문이다

- 吾嘗三仕(오상삼사) : 나는 일찍이 세 번 벼슬살이를 하였다
- 三見逐於君(삼견축어군) : 세 번 임금에게 쫓김을 당하였다
- 不肖(불초) : '不肖子(불초자)'의 준말로, 못나고 어리석음
- 知我不遇時也(지아불우시야) : 내가 때를 만나지 못했음을 알았기 때문이다
- 三戰三走(삼전삼주) : 세 번의 싸움에서 세 번 도망감
- 김忽(소홀) : 관중管仲과 함께 공자公子 규糾를 섬긴 중신重臣
- 幽囚(유수) : 옥에 가둠
- 小節(소절) : 작은 절개(지조)
- 鮑子也(포자야) : 鮑子(포자)는 포숙鮑叔을 높여 부르는 말. 子(자)는 남자의 경칭敬稱으로 접미어

출전

- 史記(사기) : 중국 전한前漢의 사마천司馬遷이 상고시대의 황제黃帝로부터 한나라 무제 태초 연간(B.C. 104~101)까지의 중국과 그 주변 민족의 역사를 포괄하여 저술한 통사.

(2) 塞翁之馬새옹지마

夫禍福之轉而相生은 其變이 難見也라. 近塞上之
人에 有善術者러니 馬無故亡하여 而入胡하니 人皆弔
之한대 其父가 曰 此何遽不爲福乎아 하더라. 居數月에
其馬가 將胡駿馬하여 而歸하니 人皆賀之한대 其父가 曰
此何遽不能禍乎아 하더라. 家富良馬하니 其子好騎라
가 墮而折其髀하니 人皆弔之한대 其父가 曰 此何遽
不爲福乎아 하더라. 居一年에 胡人이 大入塞하여 丁壯
者가 引弦而戰할새 近塞之人이 死者十九이나 此獨以
跛之故로 父子相保라. 故로 福之爲禍와 禍之爲福이
化不可極이요 深不可測也니라.

무릇 화와 복이 서로 바뀌어 나타난 것은 그 변화를 알아보기 어
렵다. 변방 가까이 사는 사람 중에 술법에 능한 사람이 있었는데,
말이 이유 없이 달아나서 오랑캐 땅으로 들어가니 사람들이 모두 그
를 위로하였다. 그의 아버지가 말하기를, "이것이 어찌 뜻밖의 복이
되지 않겠소?" 하였다. 몇 개월 지나 그 말이 오랑캐의 준마를 데리

生 생활한문
活

고 오니, 사람들이 모두 그를 축하하였다. 그의 아버지가 말하기를, "이것이 어찌 뜻밖의 화가 되지 않겠소?" 하였다. 집에 좋은 말이 많아 그의 아들이 말타기를 좋아하다가 떨어져서 그의 넓적다리가 부러지니 사람들이 모두 그를 위로하였다. 그의 아버지가 말하기를, "이것이 어찌 뜻밖의 복이 되지 않겠소?" 하였다. 일 년이 지나 오랑캐 사람들이 변방으로 쳐들어오니, 장정들이 활을 당기며 싸워, 변방 가까이 사는 사람들 중 죽은 자가 열에 아홉이었다. 이 사람만이 유독 절름발이라는 이유 때문에 부자간에 서로 목숨을 보존하였다. 그러므로 복이 화가 되고, 화가 복이 되는 것은 변화를 다할 수 없고 깊이를 헤아릴 수 없다.

한자풀이

塞 새 변방   翁 옹 늙은이   轉 전 구르다, 바꾸다   亡 망 달아나다, 도망치다   胡 호 오랑캐   弔 조 위문하다, 위로하다   將 장 동반하다, 거느리다   賀 하 하례하다, 축하하다   騎 기 말을 타다   墮 타 떨어지다   折 절 꺾이다   髀 비 넓적다리   丁 정 장정   跛 파 절름발이   保 보 보전하다   極 극 다하다   測 측 헤아리다

 note

어구풀이

- 塞翁之馬(새옹지마) : 인간의 길흉화복吉凶禍福은 예측할 수 없다는 말
- 善術者(선술자) : 술법術法에 능한 사람, 점술占術(점술)에 능한 사람
- 無故(무고) : 이유 없이, 까닭 없이
- 何遽不爲福乎(하거불위복호) : 어찌 뜻밖의 복이 되지 않겠는가? 遽(거)
  는 '갑자기'란 부사이고, 乎(호)는 의문 종결사
- 駿馬(준마) : 훌륭한 말
- 引弦(인현) : 활시위를 당김
- 十九(십구) : 열에 아홉

출전

- 淮南子(회남자) : 중국 전한前漢의 회남왕淮南王 유안劉安이 저술한 책.

(3) 漁父之利어부지리

趙且伐燕이어늘 蘇代가 爲燕하여 謂惠王曰 今日臣來라가 過易水러니 蚌方出曝이나 而鷸啄其肉하니 蚌合而箝其喙라. 鷸曰 今日不雨하고 明日不雨면 卽有死蚌이라 하니 蚌亦謂鷸曰 今日不出하고 明日不出이면 卽有死鷸이라 하여 兩者不肯相舍하니 漁者得而幷擒之라. 今趙且伐燕하는데 趙燕久相攻하여 以弊大衆이면 臣은 恐强秦之爲漁父也라. 願大王은 熟計之也니라. 惠王曰 善하다 하고 乃止하더라.

조나라가 연나라를 치려고 하니 소대가 연나라를 위해서 혜왕에게 아뢰었다. "오늘 신이 올 때 역수를 건너다가 보니 마침 조개가 나와 햇볕을 쬐고 있었습니다. 도요새가 그의 살을 쪼니, 조개가 입을 다물고 그의 부리를 물었습니다. 도요새가 말하기를, '오늘 비가 오지 않고 내일도 비가 오지 않으면 죽은 조개만이 있을 뿐이다' 하니, 조개 역시 도요새에게 말하기를, '오늘 놔주지 않고 내일도 놔주지 않으면 죽은 도요새만이 있을 뿐이다' 하며, 둘이 서로 놓아주

려고 하지 않으니, 어부가 손에 넣어 그들 모두를 사로잡았습니다. 지금 조나라가 연나라를 치려고 하는데, 연나라와 조나라가 오랫동안 서로 공격하여서 백성들을 피폐하게 한다면 신은 진나라가 어부가 될까 두렵습니다. 원컨대 왕께서는 이러한 일을 깊이 헤아리소서." 혜왕이 "옳다" 하였다.

한자풀이

趙 조 전국시대 나라 이름 且 차 장차 伐 벌 치다, 공격하다 燕 연 전국시대 나라 이름 蚌 방 조개 方 방 마침내, 바야흐로 曝 폭 햇볕을 쪼이다 鷸 휼 도요새 啄 탁 쪼다 箝 겸 다물다 喙 훼 부리 舍 사 =捨(사). 놓다 擒 금 사로잡다 弊 폐 해지다, 피폐하다, 지치게 하다 恐 공 두려워하다 熟 숙 깊이, 곰곰이 計 계 헤아리다

어구풀이

• 漁父之利(어부지리) : 어부의 이득이란 뜻으로 쌍방이 다투는 사이에 제삼자가 이득을 본다는 말
• 蘇代(소대) : 전국시대의 변설가辯說家
• 惠王(혜왕) : 趙나라의 임금, 혜문왕惠文王을 말함

• 卽有(즉유) : ~만 있을 뿐이다

출전

• 戰國策(전국책) : 중국 전한前漢 시대의 유향劉向이 편찬한 책.

(4) 結草報恩결초보은

初에 魏武子가 有嬖妾이러니 無子라. 武子가 疾에 命顆曰 必嫁是라 하더니 疾病則曰 必以爲殉하라 하였다. 及卒에 顆가 嫁之하여 曰 疾病則亂이니 吾從其治命也라 하다. 及敗秦師于輔氏하여 獲杜回하니 秦之力人也라. 顆見하건대 老人이 結草하여 以亢杜回하니 杜回가 疐而顚이라. 故로 獲之하다. 夜夢之하니 曰 余는 而所嫁婦人之父也라. 爾用先人之治命하니 余是以報라 하니라.

처음에 위무자에게는 사랑하는 첩이 있었으나 자식이 없었다. 무자가 병이 나자 (아들) 과에게 명령하여 말하기를, "이 여자를 반드시 시집보내라" 하더니, 병이 위독하게 되자 곧 말하기를, "이 여자를 반드시 따라죽게 하라" 하였다. 무자가 세상을 떠나자, 과가 그 여자를 시집보내면서 말하기를, "병이 위독해지면 정신이 혼란해지므로 나는 아버지의 정신이 온전하였을 때의 명령을 따른 것이다" 하였다. 보씨에서 진나라 병사를 패퇴시키고 두회를 사로잡았으니,

두회는 진나라 장사였다. (그때) 과가 보니 노인이 풀을 묶어서 두회를 막으니 두회가 걸려 넘어졌던 까닭에 그를 사로잡았다. 밤에 꿈을 꾸니 (노인이) 말하기를, "나는 네가 시집보낸 여자의 아비인데, 네가 선인의 정신이 온전할 때의 명령을 들어주었기 때문에, 내가 이것으로써 보답했다" 하였다.

한자풀이

曣 폐 사랑하다　嫁 가 시집가다　亢 항 막다　躋 지 넘어지다
顚 전 넘어지다, 뒤집히다　而 이 2인칭 대명사. 너, 당신　爾 이 2인칭 대명사. 너, 당신

어구풀이

- 結草報恩(결초보은) : 풀을 맺어서 보답한다는 뜻으로, 입은 은혜는 죽은 넋이라도 잊지 않고 갚음을 이른 말.
- 魏武子(위무자) : 춘추시대 진晉나라 사람
- 曣妾(폐첩) : 사랑하는 첩, 즉 애첩愛妾을 말함
- 必嫁是(필가시) : 반드시 그를(그 여자를) 시집 보내라. 是(시)는 지시대명사, 즉 폐첩曣妾을 가리킴
- 顆(과) : 위무자魏武子의 아들 이름

- 疾病(질병) : 병이 위독함

- 必以爲殉(필이위순) : 반드시 따라 죽게 하라. 殉(순)은 따라죽다는 뜻으로 임금이나 남편이 죽으면 따라 죽는 일

- 及卒(급졸) : 죽기에 이름, 곧 세상을 떠남

- 嫁之(가지) : 그 여자를 시집보내다

- 疾病則亂(질병즉란) : 병이 위독해지면 정신이 혼란하여지다

- 吾從其治命也(오종기치명야) : 나는 그의 맑은 정신으로 하는 유언을 따르겠다. 治命(치명)은 사람이 병이 들지 않았을 때의 명령으로, 죽을 무렵 맑은 정신으로 하는 유언을 말함

- 及敗秦師于輔氏(급패진사우보씨) : 보씨에서 진나라 군대를 패퇴시킴에 이르러. 敗(패)는 '패하게 하다'는 뜻. 秦師(진사)는 진나라 군대. 于(우)는 장소를 나타냄, 즉 '~에서'. 輔氏(보씨)는 춘추시대 진晉나라의 땅

- 獲杜回(획두회) : 두회를 사로잡다. 杜回(두회)는 진晉나라 장수의 이름

- 力人(역인) : 힘센 사람, 장수

- 是以(시이) : '以是(이시)'의 도치형으로 '이로써'라는 의미임

출전

- 左氏傳(좌씨전) : 공자孔子의 『춘추春秋』를 노魯나라 좌구명左丘明이 해석한 책. 『춘추좌씨전春秋左氏傳』, 『좌씨춘추左氏春秋』, 『좌전左傳』이라고도 불림.

(4) 朝三暮四조삼모사

宋有狙公者하여 愛狙하여 養之成群이라. 能解狙之意하고 狙亦得公之心이라. 損其家口하여 充狙之欲이러니 俄而匱焉이라. 將限其食이나 恐衆狙之不馴於己也하여 先誑之曰 與若芋할새 朝三而暮四면 足乎아 하니 衆狙皆起而怒어늘 俄而曰 與若芋할새 朝四而暮三이면 足乎아? 하니 衆狙皆伏而喜하더라. 物之以能鄙相籠이 皆猶此也오 聖人이 以智籠群愚도 亦猶狙公之以智籠衆狙也라 名實不虧어늘 使其喜怒哉리오까?

송나라에 저공이란 자가 있었는데, 원숭이를 사랑하여 이를 길러 무리를 이루었다. 그는 원숭이의 뜻을 알 수 있었고, 원숭이 역시 저공의 마음을 알아차렸다. 그 식구들의 음식을 줄여서 원숭이의 욕망을 채워주었지만, 얼마 후에 식량이 바닥나고 말았다. 장차 그 먹이를 줄이려고 했지만, 여러 원숭이들이 자기에게 길들여지지 않을까 두려워 먼저 이를 속여 말하기를, "너희에게 상수리를 줄 텐데, 아침에 셋, 저녁에 넷이면 만족하겠느냐?" 하니, 여러 원숭이들이

모두 일어나서 성을 내었다. 이윽고 말하기를, "너희에게 상수리를 줄 텐데, 아침에 넷, 저녁에 셋이면 만족하겠느냐?" 하니, 여러 원숭이들이 모두 엎드려서 기뻐하였다. 만물이 재능과 모자람으로써 서로 얽어매는 것은 모두 이와 같다. 성인이 지혜로써 여러 어리석은 사람들을 얽어매는 것 또한 저공이 지혜로써 여러 원숭이들을 얽어매는 것과 같다. 명분과 실상이 어그러짐이 없는데, 그로 하여금 즐겁거나 성내게 하겠는가?

___

한자 풀이

狙 저 원숭이   損 손 덜다   充 충 채우다   馴 순 길들이다   誑 광 속이다

어구 풀이

- 朝三暮四(조삼모사) : 당장 눈앞의 차별만을 알고 그 결과가 같다는 사실을 모름을 이르는 말. 간사한 꾀로 남을 속여 희롱함을 이르는 말
- 狙公者(저공자) : 원숭이를 키우는 사람
- 能解狙之意(능해저지의) : 원숭이의 마음을 이해할 수 있었다. 解(해)는 '이해하다'는 뜻

- 狙亦得公之心(저역득공지심) : 원숭이 또한 공의 마음을 알아차리다. 得(득)은 '알아차리다'는 뜻

- 俄而(아이) : 잠시 후에, 갑자기

- 匱焉(궤언) : 다하다. 焉(언)은 종결사

- 將限其食(장한기식) : 장차 그 먹이를 줄이려 한다. 將(장)은 '장차 ~하려 하다'는 뜻

- 恐衆狙之不馴於己也(공중저지불순어기야) : 여러 원숭이가 자기에게 길들여지지 않을 것을 두려워하다.

- 與若芧(여약서) : 너희들에게 상수리를 주다. 與(여)는 동사, 즉 '주다'의 의미. 若(약)은 2인칭 대명사로 너희들, 즉 원숭이를 지칭함. 芧(서)는 상수리를 말함.

- 足乎(족호) : 만족하느냐? 충분하느냐? 乎(호)는 의문종결사

출전

- 列子(열자) : 춘추전국시대 열어구列禦寇(열자列子)가 서술하고 문인들이 보완하였으며, 이를 전한前漢 말기에 유향劉向이 교정하여 8권으로 만들고, 동진東晉의 장담張湛이 주석을 달았음.

(5) 孟母斷機맹모단기

自孟子之少也에 旣學而歸라. 孟母가 方績이라가 問
曰 學何所至矣오. 孟子曰 自若也니이다. 孟母가 以
刀로 斷其織이라. 孟子가 懼而問其故한대 孟母曰 子
之廢學이 若吾斷斯織也라. 孟子가 懼하여 旦夕으로
勤學不息하고 師事子思하여 遂成天下之名儒라. 君
子가 謂하되 孟母는 知爲人母之道矣라 하니라.

맹자가 어렸을 때에 공부하다가 돌아왔다. 맹자의 어머니가 마침
베를 짜고 있다가 묻기를 "배움이 어디에 이르렀느냐?" 하였다. 맹
자가 말하기를, "스스로 같나이다" 하고 대답했다. 맹자의 어머니가
칼로 그 짜던 베를 끊었다. 맹자가 두려워하며 그 까닭을 물으니,
맹자 어머니가 말하기를, "네가 배움을 그만둔 것은 내가 이 짜던
베를 끊은 것과 같다" 했다. 맹자가 두려워하여 아침저녁으로 부지
런히 배워 쉬지 않고, 자사를 스승으로 섬겨 마침내 천하의 이름난
선비가 되었다. 군자가 말하기를, "맹자의 어머니는 사람의 어머니
가 되는 도리를 안다"고 했다.

績 적 베를 짜다, 실을 뽑다

- 孟母斷機(맹모단기) : 맹자의 어머니가 짜던 베를 끊은 고사에서 유래하여, 학문의 중단을 경계하는 말
- 學何所至矣(학하소지의) : 배운 것이 어디에 이르렀는가? 학문이 어느 정도에 이르렀느냐?
- 自若也(자약야) : 스스로 같다, 그리 진전이 없다
- 知爲人母之道矣(지위인모지도의) : 사람의 어머니가 되는 도리를 알다. 어머니로서 올바른 도리를 알다

- 列女傳(열녀전) : 부녀의 교양을 위하여 만들어진 부인들의 전기. 전한의 유향劉向이 지었으며, 유명한 현모·양처·열녀·투부妬婦의 이야기 많이 수록되어 있음

4. 부수편

1) 부수란 무엇인가

漢字는 '小(소)', '心(심)' 자와 같이 더 이상 나눌 수 없는 글자(단일 구조)와 '相(상:木+目)', '安(안:宀+女)' 자와 같이 둘 이상으로 나눌 수 있는 글자(복합 구조)로 되어 있다. 복합 구조에서 둘 이상의 글자 중 각각 일정한 형태의 글자를 공통으로 쓰는 부분을 '부수部首'라고 한다. 부수는 그 글자의 의미를 암시해줄 뿐만 아니라, 자전字典을 찾는 지표指標가 되므로 매우 중요한 부분이다. 이를테면 林(수풀 림), 松(소나무 송), 樹(나무 수), 村(마을 촌) 따위의 글자들은 木이라는 공통 모양에 의해서 한 글자 집단(部)이 된다. 이 글자 집단의 대표(首)인 木이 바로 부수이다. 따라서 林, 松, 樹, 村 등은 木部에 속한 글자이다.

부수는 한자의 종류나 뜻을 나타내주는 역할을 한다. 예를 들어, 나무와 관련 있는 한자는 모두 부수로 木자가 들어간다. 本(근본 본)과 末(끝 말), 根(뿌리 근)과 林(수풀 림)이 그 예이다. 이렇게 한자의 종류나 뜻을 나타내주는 부수는 다른 한자와 결합되면서 그 모양이 변형(바뀜)되는 경우가 많다. 그러나 모양이 바뀌더라도 그 한자의 종류나 뜻을 본래 그대로 나타낸다. 예를 들면, 然(그러할 연)은 원래 부수가 火(灬)이며 불과 관련 있는 한자로서, 개를 뜻하는 犬, 고기를 뜻하는 月, 그리고 모양이 바뀐 아랫부분의 한자 火자가 짝지어져 만들어진 글자이다. 가장 소중히 여기는 짐승인 개(犬)와 고기(月=肉)는 불에 그을려(火) 먹는 것이 당연하다 하여 '그러하다, 당연하다'의 뜻이 된 글자이다.

부수란, 漢字의 외형적 한 부분(部)이면서 전체 의미를 상징(首)한다. 자세하게 표현하면, 한자의 자형字形 구성 면에서 낱개의 글자마다 내포되어 있는 의미의 부호 부분을 추출하여 한 부분(部)를 만들고 그 부분이 공통된 형태의 한자들을 분류하여 부수로 설정한다. 결국 부수는 한자의 핵심 의미이자 한자 분류分類의 기본 원칙이다.

2) 부수의 구성

부수의 발생은 뜻글자(표의문자表意文字)인 한자의 특성으로 인해 기하급수적으로 늘어나는 문자를 체계적으로 분류하고 정리할 필요성에서 착안된 것이다. 최초의 부수 개념을 만들어낸 사람은 중국 한漢나라 때의 경전經典학자이자 문자文字학자였던 허신許慎이다. 자성字聖(문자의 성인)으로 불리는 허신은 세계 최초로 만든 자전字典이자, 현존하는 문자학文字學의 최고 권위서인 『설문해자說文解字』를 만들었다. 이 자전은 계통별로 540개의 부수를 설정, 당시 漢字 9,353자를 체계적으로 분류했고, 또한 구성원리인 '육서六書'의 법칙으로 한자의 구조를 설명하고 있다.

부수는 현재 1획부터 17획까지 총 214개로 이루어져 있다. 부수의 구조는 전체 214개 가운데 자원字源에 따라 보면, 형상을 본뜬 '상형자象形字'가 149자, 추상적 상징의 약속인 '지사자指事字'가 17자, 의미끼리의 결합인 '회의자會意字'가 21자, 의미와 발음의 결합인 '형성자形聲字'가 27자이다.

3) 부수의 분류

부수部首는 글자의 어느 위치에 하느냐에 따라 8가지로 분류한다. 하지만 부수가 한가지 분류에만 속하는 것은 아니고, 중복해서 분류되기도 한다. 또한 분류 명칭의 용어는 구애받지 않기도 하는데, 예를 들어, '阜'(언덕 부)부수는 글자 왼쪽에 위치하면서도 "좌부변"이 아닌 "좌부방"으로 통용된다.

(1) 邊 | 변

두 글자가 좌우左右로 합쳐져 이루어진 漢字에서, 그 漢字의 왼쪽에 붙는 부수를 변이라 한다. 대표적인 변의 부수자는 亻(사람인변), 冫(이수변), 彳(두인변), 禾(벼 화), 言(말씀 언) 등이다.

例) 言(말씀언변) + 吾(나 오) ⇒ 語(말씀 어)

水(물수변) + 靑(푸를 청) ⇒ 淸(맑을 청)

(2) 傍 | 방

두 글자가 좌우로 합쳐져 이루어진 漢字에서, 그 漢字의 오른쪽에 붙는 부수를 방이라 한다. 대표적인 방의 부수자는 刂(선칼도방), 卩(병부절), 阝(=邑, 우부방), 欠(허품 흠) 등이다.

例) 君(임금 군) + 阝(고을읍방) ⇒ 郡(고을 군)

貝(조개 패) + 刂(칼도방) ⇒ 則(곧 즉, 법 칙)

(3) 冠 · 頭 │ 머리

두 글자가 상하上下로 합쳐져 이루어진 漢字에서, 그 漢字의 위쪽에 붙는 부수를 머리라 한다. 대표적인 머리 부수자는 亠(돼지해머리), 宀(갓머리), 艹(초두머리), 竹(대 죽), 雨(비 우) 등이다.

例) 宀(갓머리) + 女(계집 녀) ⇒ 安(편안 안)

艹(초 두) + 化(될 화) ⇒ 花(꽃 화)

(4) 繞 │ 받침

두 글자가 상하로 합쳐져 이루어진 漢字에서, 그 漢字의 아래쪽 또는 왼쪽에서 아래쪽에 이르는 부수를 받침이라고 한다. 대표적인 받침 부수자는 辶(책받침), 廴(민책받침) 등이다.

例) 回(돌 회) + 廴(민책받침) ⇒ 廻(돌 회)

首(머리 수) + 辶(책받침) ⇒ 道(길 도)

(5) 構 | 에운담·몸

두 글자가 안팎으로 합쳐져 이루어진 漢字에서, 그 漢字의 바깥 둘레를 에워싼 부수를 에운담이라 한다. 대표적인 에운담 부수는 凵(위튼입구몸), 匸(감출 혜), 匚(튼입구몸), 門(문 문), 囗(큰입구몸:에운담) 등이다.

例) 囗(큰입구 : 에울 위) + 或(혹시 혹) ⇒ 國(나라 국)

　　 匚(터진입구 : 상자 방) + 王(임금 왕) ⇒ 匡(바로잡을 광)

(6) 广·戶 | 엄호

부수가 머리와 변의 위치에 걸쳐 있는 경우, 엄호 부수라고 한다. 대표적인 엄호 부수는 厂(민엄호/줄바위 엄), 尸(주검 시), 广(엄호), 气(기운기엄), 虍(범 호) 등이다.

例) 广(엄호) + 予(나 여) ⇒ 序(차례 서)

　　 厂(민엄호) + 㔾(병부 절) ⇒ 厄(재앙 액)

(7) 脚 | 발·다리

받침 부수처럼, 두 글자가 상하로 합쳐져 이루어진 漢字에서 아래쪽에서 아래쪽에 위치한 부수를 발이라고 한다. 대표적인 발 부수는 儿(어진사람 인), 廾(스물입발), 灬

(연화발), 皿(그릇 명) 등이다.

例) 列(벌일 열) + 灬(연화발) ⇒ 烈(매울 렬)

　　成(이룰 성) + 皿(그릇 명) ⇒ 盛(성할 성)

(8) 제부수

 글자 자체가 자신의 부수인 자이다.

例) 一(한 일), 入(들 입), 力(힘 력), 土(흙 토), 士(선비 사), 大(클 대), 氏(성씨 씨), 牛(소 우), 立(설 립), 臣(신하 신), 色(색 색), 行(갈 행), 豆(콩 두), 辛(매울 신), 面(얼굴 면), 高(높을 고), 鹿(사슴 록), 麥(보리 맥), 黑(검을 흑), 鼓(북 고), 鼠(쥐 서), 齒(이 치), 龍(용 용).

(9) 부수의 변형

부수가 단독의 글자로 사용될 때, 제부수 글자와 글자의 일부분으로 사용될 때의 자형字形이 달라지는 경우가 있다. 이는 한자의 서체書體 변천에서 되도록 정방형正方形의 규격에 맞게 발전됨에 따라 나타난 양상이다.

　　이상에서 부수와 기본 글자의 위치에 따라 다양하게 이루어
지는 漢字는 획수가 아무리 많다 하더라도, 이를 종합하면, 상
하上下, 좌우左右, 내외內外의 세 가지 구조로 되어 있다.

2. 부수와 자전의 활용

한자를 자전字典에서 찾아내는 방법은 부수를 이용하는 방법, 자음字音을 이용하는 방법, 총 획수를 이용하는 방법 등 세 가지이다.

1) 부수색인部首索引

　　부수를 이용하여 한자를 찾는 것을 부수 색인索引(찾을 색, 끌어낼 인 : 찾아 이 끌어낸다)이라 한다. 먼저 찾고자 하는 한자의 부수를 가려낸 후에, 부수색인에 서 해당 부수의 쪽수를 알고 자전을 펼친 후 부수를 제외한 획수 항목에서 찾고자 하는 한자를 찾으면 된다. 예를 들어, '星' 자를 부수색인으로 찾으려면, 먼저 부수를 짐작(日)하여 부수색인에서 '日' 자의 아래나 옆에 있는 해당 쪽수를 알고 자전을 펼친다. 그리고 '日'을 제외한 나머지 획수가 5획이므로, 5획 항목을 더듬어 찾으면 된다.

2) 자음색인字音索引

　　찾는 한자의 음을 알고 있으나 명확한 뜻을 알고 싶을 때 글자를 찾아가는 방법이다. 자음색인에서 찾아 해당 한자의 쪽수를 알고 자전을 펼친 후 해당 한자를 찾으면 된다. 예를 들어, '雲' 자를 자음색인을 이용해 찾으려면 먼저 '雲' 자의 자음인 '운' 항목으로 가서 해당 쪽수를 확인한 후 찾으면 된다.

3) 총획색인總劃索引

　　부수와 자음이 명확하지 않을 때 사용하는 방법이다. 찾는 한자의 획수를 우선 전부 센 다음 총획색인 중에서 해당되는 획수를 찾아서 해당 쪽수를 확인한 후, 한자를 찾으면 된다. 예를 들어, '洋' 자를 총획색인을 이용해 찾으려면, 먼저 洋자의 획수를 세어본 후(총9획), 총획색인 9획에 가서 9획에 해당하는 한자들을 하나하나 자세히 살펴서 '洋' 자를 찾아, '洋' 자가 있는 해당 쪽를 찾아가 한자를 찾으면 된다.

3. 부수를 이용한 기초 한자 익히기

가장 기초가 되는 한자를 획수劃數의 순서에 따라 부수의 자원字源을 정리하고, 혹 부수가 한자 이해의 방편方便이 되는 단서端緒들을 제공한다. 기초한자는 교육용 한자教育用漢字 1,800자를 대상으로 하며, 이해하기 쉽게 각 부수에 속한 기초한자를 제시하고, 한자의 뜻을 충실하게 이해하기 위해 예시例示 단어單語를 함께 제시하였다. 이는 한자에 대한 거부감을 해결할 수 있는 방법으로, 처음 한자를 접하고 배울 때 일정 기간 한자와 친숙親熟해질 수 있는 계기를 마련하기 위해서이다.

| 1획 |

(1) 一 한 일

指事字. 손가락 하나 또는 선(一) 하나를 가로 그어 수효 '하나'를 나타낸 글자로, 숫자의 시초인 一은 나무 막대기 하나를 땅에 뉘어놓은 형상이다.

기초 한자 – 1,800자 중 13자

一 **일** 하나　丁 **정** 장정　七 **칠** 일곱　三 **삼** 셋　丈 **장** 어른　上 **상** 위,

오르다   下 **하** 아래, 내리다   不 **불** 아니다   丑 **축** 소, 축시   丙 **병** 셋째
천간, 밝다   世 **세** 세상, 인간   且 **차** 또, 구차하다, 장차   丘 **구** 언덕

---

(2) 丨 뚫을 곤

指事字. 위아래로 서로 통해 있는 의미로 사물을 뚫어 통함
을 뜻하게 만든 글자이며, 위아래를 뚫은 나무 막대의 형상이
다. 어떤 물체나 지역을 상하로 관통貫通하고 있음을 표시한다.

기초 한자 – 1,800자 중 1자

中 **중** 가운데, 맞다

---

(3) 丶 심지 주, 불똥 주

象形字. 등잔불에서 떨어져 나간 '불똥'의 모양을 형상화한
글자로, 등잔은 꼭지 가운데 좁은 구멍을 뚫어 실이나 종이로
만든 심지를 늘어뜨리면 이것이 기름을 빨아 올려서 불을 붙이
는 도구이다.

기초 한자 - 1,800자 중 3자

丸 **환** 알, 탄환　丹 **단** 붉다, 마음　主 **주** 주인, 임금

---

(4) 丿 삐칠 별, 삐침 별

指事字. 오른쪽 위에서 왼쪽 아래로 삐치어 그 방향으로 굽은 것을 가리키는 글자로 사물의 동작·상태를 표시한다.

기초 한자 - 1,800자 중 5자

乃 **내** 이에, 너(2인칭)　久 **구** 오래다　之 **지** 가다, 이것(지시대명사)　乎 **호** 그런가, 어조사　乘 **승** 타다, 수레

---

(5) 乙 새 을, 굽을 을

象形字. 음기陰氣가 강한 초봄에 싹이 땅에서 구부러져 나오는 모양이나 혹은 새의 튀어나온 가슴 모양을 형상화한 글자이다.

기초 한자 – 1,800자 중 7자

乙 **을** 둘째 천간, 둘째　九 **구** 아홉　也 **야** 잇기, 어조사　乞 **걸** 빌다　乳
유 젖　乾 **건** 하늘, 괘, 마르다　亂 **란** 어지럽다

---

(6) 亅 갈고리 궐 – 강태공의 낚시바늘

象形字. 끝을 위로 굽힌 갈고리가 매달린 모양을 본뜬 글자
이다. 亅은 낚시바늘 모양으로, 수렵 채취 시대에 물고기를 낚
았던 도구인 낚시의 형상이다.

기초 한자 1,800자 중 3자

了 **료** 마치다, 깨닫다　予 **여** 나, 주다　事 **사** 일, 섬기다

┃ **2획** ┃

(1) 二 **두 이**

指事字. 가로 그은 획 두 개로 '둘'이라는 수를 나타낸 글자

이며, 一(한 일)부에 포함시키지 않고 별도 부수로 분류한 것은 이분법에 의한 동양철학의 만물 생성에 기초해 위의 一은 하늘 (天), 밑의 一은 땅(地)의 뜻하기 때문이다. 하늘과 땅이 비록 멀리 떨어져 있기는 했지만, 외롭지 않는 배우자가 있기 때문에 二는 짝을 뜻한다.

기초 한자 1,800자 중 7자

二 **이** 둘 于 **우** 어조사 云 **운** 말하다 互 **호** 서로, 뒤섞이다 五 **오** 다섯 井 **정** 우물, 정전 亞 **아** 버금

---

(2) 亠 돼지해머리 두, 머리부분 두

214개 부수 가운데 유일하게 의미를 알 수 없는 부수로, 亥 (돼지 해)의 머리 부분과 같다고 하여 '돼지해머 두'라고 하며, 가로선(一) 위에 꼭지점(丶)을 찍어 '머리부분'이나 '위'를 나타내는 글자이다.

기초 한자 - 1,800자 중 8자

亡 **망** 망하다, 무 없다 交 **교** 사귀다, 섞이다 亥 **해** 열두째 지지, 돼지

亦 **역** 또한 亨 **형** 형통하다 享 **향** 드리다, 누리다 京 **경** 서울, 크다 亭 **정** 정자

---

(3) 人 , 亻 사람 인, 사람인변

象形字. 사람이 양팔, 양다리를 벌리고 서 있는 모양을 정면에서 본뜬 글자가 본래 大인데, 간략하게 좌우 대칭인 팔다리를 하나씩만 표현해 옆으로 서 있는 사람의 모습을 본뜬 글자이다.

기초 한자 - 1,800자 중 88자

人 **인** 사람 今 **금** 이제, 지금 介 **개** 끼다, 소개하다 仁 **인** 어질다 令 **령** 명령 以 **이** 써 仕 **사** 벼슬하다 他 **타** 다르다 付 **부** 주다 仙 **선** 신선 代 **대** 대신하다, 시대 企 **기** 꾀하다 仰 **앙** 우러르다 仲 **중** 버금 件 **건** 건 任 **임** 맡다 伏 **복** 엎드리다 伐 **벌** 치다, 베다 休 **휴** 쉬다 余 **여** 나 伯 **백** 맏이 伸 **신** 펴다 似 **사** 같다, 흉내내다 但 **단** 다만 位 **위** 자리 低 **저** 낮다 住 **주** 머무르다 佐 **좌** 돕다 何 **하** 어찌, 무엇 佛 **불** 부처 作 **작** 짓다, 일어나다 伴 **반** 반려자 來 **래** 오다 佳 **가** 아름답다 使 **사** 부리다, 사신 例 **례** 법식, 본보기 侍 **시** 모시다 供 **공** 이

바지하다, 받들다 依 **의** 의지하다 侯 **후** 제후, 후작 侵 **침** 침략하다 便 **편** 편리하다, 변 똥오줌 係 **계** 매다 促 **촉** 재촉하다, 급하다 俊 **준** 뛰어나다 俗 **속** 풍습, 속되다 保 **보** 지키다, 돕다 信 **신** 믿다, 신의 侮 **모** 업신여기다 倉 **창** 곳집 修 **수** 닦다 俱 **구** 다, 함께 個 **개** 낱개 倍 **배** 곱, 더하다 倒 **도** 넘어지다 候 **후** 망보다 倣 **방** 본받다 値 **치** 값, 만나다 借 **차** 빌리다 倫 **륜** 인륜, 무리 假 **가** 빌리다, 거짓 偉 **위** 크다, 뛰어나다 停 **정** 머무르다 健 **건** 굳세다, 건강하다 側 **측** 곁, 기울다 偶 **우** 짝, 만나다 偏 **편** 치우치다 傍 **방** 곁 傑 **걸** 준걸, 뛰어나다 備 **비** 갖추다 催 **최** 재촉하다 傲 **오** 거만하다 傳 **전** 전하다 債 **채** 빚 傷 **상** 상하다 傾 **경** 기울다 僅 **근** 겨우 像 **상** 꼴, 상 僞 **위** 거짓 僧 **승** 스님 僚 **료** 동료, 관리 價 **가** 값 儀 **의** 거동, 법식 億 **억** 헤아리다, 억(수의 단위) 儉 **검** 검소하다 儒 **유** 선비 償 **상** 갚다, 배상 優 **우** 뛰어나다

---

(4) 儿 걷는 사람 인, 어진 사람 인

象形字. 人과 동일한 변형 글자로 다리 부분을 강조한 모양이다. 무릎꿇고 절하는 모양을 형상화하였으며, 겸손하고 어진 마음을 의미한다.

기초 한자 – 1,800자 중 9자

元 **원** 으뜸, 근본 兄 **형** 형 充 **충** 차다, 채우다 兆 **조** 조짐, 조(수의 단위) 先 **선** 먼저 光 **광** 빛 克 **극** 이기다 免 **면** 면하다 兒 **아** 아이

---

(5) 入 들 입

指事·象形字. 뾰족한 윗부분이 물체 속으로 들어갈 때 갈라진 아랫부분도 뒤따라서 '들어감'을 나타낸 글자이다. 또 하나의 줄기에 뿌리가 갈라져 땅속으로 뻗어 들어가는 모양을 본뜬 글자이기도 하다.

기초 한자 – 1,800자 중 4자

入 **입** 들어가다 內 **내** 안 全 **전** 온전, 온통 兩 **량** 둘, **냥** 짝

---

(6) 八 여덟 팔

指事·象形字. 두 손의 손가락을 네 개씩 펴 서로 등지고 있는 상태를 표시한 글자로, '등을 돌리다, 나누다, 분리되다'의 뜻을 가지고 있다.

八 **팔** 여덟 公 **공** 공변되다 兮 **혜** 어조사 六 **륙** 여섯 共 **공** 함께, 향하다 兵 **병** 군사, 무기 其 **기** 그 具 **구** 갖추다 典 **전** 법, 책, 벼슬 兼 **겸** 겸하다, 쌓다

---

(7) 冂 멀 경

象形字. 멀리 길이 잇닿아 있는 ㅣㅣ와 경계를 나누어 놓는 표지에 一이 합쳐진 글자로, 경계 밖의 먼 곳을 의미해 '멀다'는 뜻으로 사용된다. 좌우에 있는 두 선은 넓은 공간 즉 광활한 땅을 말하며, 위의 가로지른 선은 그 공간의 끝을 가리킨다.

册 **책** 책, 봉하다 再 **재** 거듭 冒 **모** 무릅쓰다

---

(8) 冖 덮을 멱, 민갓머리

象形字. 천이 사방으로 늘어뜨려져 있어 덮어씌운 보자기의

모양을 본뜬 글자이다. 옛날 사람들은 중요한 것을 장롱 속에 깊이 넣어두었던 반면, 그다지 중요하지 않았던 물건들은 천이나 보자기로 덮어두곤 했다. ㄇ은 천이나 보자기 등으로 어떤 물건을 덮고 있는 모습으로, '덮다' 는 뜻을 지닌다.

기초 한자 – 1,800자 중 2자

冠 **관** 갓, 관례   冥 **명** 어둡다, 밤, 저승

---

(9) 冫 얼음 빙, 이수변

象形字. 물(水)이 변화된 형상의 얼음을 의미하는데, 얼음이 얼 때 생기는 결 모양을 본뜬 글자이다. 氷(빙) 단독글자로 사용되면서, 특이하게 水(물 수) 부수에 분류되며, 부수 명칭은 '이수변' 이라 한다.

기초 한자 – 1,800자 중 4자

冬 **동** 겨울   冷 **랭** 차다, 식다   凍 **동** 얼다   凝 **응** 엉기다

(10) 几 책상 궤, 안석 궤

象形字. 위는 평평하고 발이 달린 물건을 얹는 기구 모양을 본뜬 글자이다. 일반적으로 앉을 때 몸을 기대는 기구를 안석 案席이라 하며, 옛 선비들은 공부할 때 똑바로 앉아 책을 읽었는데 그때 필요한 책상을 상징화한 글자이다.

기초 한자 – 1,800자 중 1자

凡 **범** 보통, 대강, 무릇

---

(11) 凵 그릇 감, 입벌릴 감, 위터진입구

象形字. 벌린 입의 가운데 쑥 들어간 모양을 본뜬 글자로, 땅을 우묵하게 파놓은 모양이나 물건을 담는 위가 터진 그릇을 나타낸다. 고대 인류가 수렵 방식 중, 실이나 올가미로 만들어 목이나 다리가 스치면 옭매여 조여들게 만드는 덫과 땅을 깊이 파놓고 그 위에 나뭇가지와 풀 더미로 덮어 위장한 함정陷穽이 있었는데, 이 부수는 함정을 형상화한 글자로 '가둔다'는 의미를 지닌다.

凶 **흉** 흉하다, 재앙   出 **출** 나오다

---

(12) 刀, 刂 칼 도, 선칼 도

象形字. 칼날이 굽은 칼의 모양을 본뜬 글자이다. 사람들은 날이 서 있는 것이면 모두 칼이라고 하지만 날의 수에 따라 刀 (칼 도)와 劍(칼 검)을 구별한다. 둘 다 초기에 무기로 사용되었지만 일반적으로 한쪽에만 날이 있는 것을 刀라 하며, 양날이 있는 것을 劍이라고 한다. 刀는 보통 사람들이 사용하는 칼이라는 의미에서 과도果刀라고 하며, 劍은 전문적으로 사람을 죽이는 무기로서의 칼이다.

刀 **도** 칼 切 **절** 끊다, 절실하다 分 **분** 나누다 刊 **간** 책 내다, 깎다 列 **렬** 벌리다, 차례 刑 **형** 형벌 判 **판** 판단하다 別 **별** 나누다, 구별 利 **리** 날카롭다, 이롭다 初 **초** 처음, 비로소 券 **권** 문서, 증서 到 **도** 이르다 制 **제** 만들다, 법도 刷 **쇄** 쓸다, 씻다 刺 **자** 찌르다 刻 **각** 새기다 則 **칙** 법 削 **삭** 깎다 前 **전** 앞 剛 **강** 굳다 副 **부** 버금, 돕다 割 **할** 나

누다, 베다　創 **창** 상처, 시작　劃 **획** 긋다, 쪼개다　劇 **극** 심하다, 연극　劍 **검** 칼, 검법

---

(13) 力 힘 력

象形字. 힘을 준 팔에 근육이 불거진 모양을 본뜬 글자이다. 힘을 이용하는 일이나 노력의 의미로, 맹수를 잡고 밭을 갈며 일을 해야 하는 시기에 가장 중요한 것은 힘이며, 이는 바로 울퉁불퉁한 남자의 팔뚝 근육을 상징한다.

기초 한자 - 1,800자 중 17자

力 **력** 힘　加 **가** 더하다　功 **공** 공　劣 **렬** 못나다, 낮다　助 **조** 돕다　努 **노** 힘쓰다　勉 **면** 힘쓰다, 권하다　勇 **용** 날쌔다　動 **동** 움직이다　務 **무** 힘쓰다, 일　勞 **로** 수고롭다, 일　勝 **승** 이기다, 낫다　勤 **근** 부지런하다　募 **모** 구하다, 모으다　勢 **세** 권세, 형세　勵 **려** 힘쓰다　勸 **권** 권하다

---

(14) 勹 쌀 포

象形字. 사람이 구부려 보따리를 싸서 품에 안고 있는 모양

을 본뜬 글자이며, 또한 勹는 엄마의 배(임산부의 배)로 포근하게 쌓여 있는 포장된 아기의 모습이다. 태아는 따뜻한 엄마의 배에 둘러싸여 보호받고 있기에, '싸다, 감싸다' 등의 뜻을 지닌다.

기초 한자 - 1,800자 중 2자

勿 물 없다, 말라(금지) 包 포 싸다, 감싸다

---

(15) 匕 비수 비

象形字. 끝이 뾰족한 숟가락을 본떠서 '숟가락'의 의미를 지닌 글자이다. 고기를 베는 짧은 칼의 모양을 본뜬 글자로 자객들이 즐겨 사용한 '단검, 비수'의 뜻으로 전용되었다.

기초 한자 - 1,800자 중 2자

化 화 되다, 변하다 北 북 북녘, 배 달아나다

(16) 匚 상자 방, 터진입구변

象形字. 통나무를 파서 만든 '홈통' 또는 물건을 넣는 네모난 상자인 광주리의 옆에서 본 모양을 본뜬 글자이다. 광주리는 보통 물건을 담을 때 사용하기에 상자라는 의미로 해석이 된다.

기초 한자 – 1,800자 중에는 해당하는 한자가 없음.

匠 **장** 장인 匭 **갑** 궤

---

(17) 匸 감출 혜, 터진에운담

會意字. 윗부분의 ㅡ는 덮어 간 것을 의미하고, 아래의 ㄴ은 감추어 숨긴 것을 의미해 '감추다' 는 뜻으로 사용된다. 匸는 S 자형의 꼬부라진 선의 형태로, 구불구불한 산길을 나타내며, 도망자가 산길로 도망가는 형상이다.

기초 한자 – 1,800자 중 2자

匹 **필** 짝, 둘 區 **구** 지경, 숨기다

(18) 十 열 십

指事字. 가로와 새로의 두 막대기를 교차시킨 모습으로, 남북의 丨과 동서의 一이 합쳐 모두 갖추었음을 의미한다. 또한 十은 곧 동서남북 사방을 의미하며, 두 막대가 교차한 지점은 자연히 중앙이 된다. 사방과 중앙이 결정되면 방향으로서는 모두 갖춘 것이기에, 十은 '모두 갖춘 수, 모두, 많다' 는 뜻을 지닌다.

기초 한자 – 1,800자 중 10자

十 **십** 열 千 **천** 일천 午 **오** 낮, 일곱째 지지 半 **반** 반, 조각 協 **협** 화합하다 卑 **비** 낮다, 천하다 卒 **졸** 병졸, 마치다 卓 **탁** 높다, 책상 南 **남** 남쪽 博 **박** 넓다

(19) 卜 점 복

象形字. 거북을 불에 구웠을 때 등 껍데기에 나타난 갈라진 틈을 본뜬 글자이다. 고대에 거북의 등 껍질 또는 소나 말의 넓적다리뼈에 점술의 내용을 기록하고 불에 올려 갈라지는 금을 모양을 보고 점을 쳤는데, 卜은 거북의 등에 나 있는 갈라

진 무늬의 형상으로, 그것을 보고 점쟁이가 점괘를 설명하고 있는 모양이 占 자이다.

기초 한자 - 1,800자 중 2자

卜 복 점 占 점 점치다, 차지하다

---

(20) 卩, 卩 병부 절, 마디 절

象形字. 구부러진 '무릎마디'의 모양이나 혹은 병부兵符를 둘로 쪼갠 것을 본뜬 글자이다. 병부란 왕과 병권兵權을 가진 신하 사이에 미리 나누어 가진 신표信標이다. 卩의 용도는 전쟁이 나서 병졸을 모집한다거나 장수에게 명령을 전할 때 조정에서 이 卩을 관리에게 주어 증거로 삼았다. 이것을 소지함으로써 자신의 신분을 밝히고, 상대방으로 하여금 신임토록 했다.

기초 한자 - 1,800자 중 8자

卯 묘 넷째 지지, 토끼 印 인 도장, 찍다 危 위 위태하다 却 각 물리치다 卵 란 알 卷 권 책, 말다 卽 즉 곧 卿 경 벼슬, 경

(21) 厂 언덕 엄, 굴바위 엄, 민엄

象形字. 언덕의 끝 부분이 튀어나와 그 밑에서 사람이 살 수 있는 곳을 본뜬 글자이다. 고대 인류는 맹수의 위협이 없는 곳에서는 땅을 파고 움막을 짓거나 아니면 동굴을 이용하였는데, 동굴이 그리 많지는 않았기에 바위 절벽 아래에다 보금자리를 잡았고, 厂은 바로 바위 절벽 또는 바위 동굴의 모습을 형상화한 것이다.

기초 한자 - 1,800자 중 4자

厄 **액** 재앙 厚 **후** 두텁다 原 **원** 근본, 들판 厥 **궐** 그, 그것

---

(22) 厶 사사로울 사, 마늘 모

指事字. 팔꿈치를 구부려 물건을 자기 쪽으로 감쌈을 나타내어, '자기 자신의 것' 이라는 '사사로움' 을 가리키는 글자이다.

기초 한자 - 1,800자 중 2자

去 **거** 가다 參 **삼** 셋, 참 참여하다

(23) 又 또 우

象形字. 오른손에 손가락까지 간략화해서 본뜬 글자이며, 손
과 관련해서 일어나는 행위나 상대의 표현에 사용되며, 又(또
우)자는 '거듭하다'는 의미를 지닌다.

기초 한자 - 1,800자 중 8자

又 **우** 또   及 **급** 미치다   友 **우** 벗, 우애   反 **반** 돌이키다   叔 **숙** 숙부
取 **취** 거두다   受 **수** 받다, 얻다   叛 **반** 배반하다

┃ 3획 ┃

(1) 口 입 구

象形字. 사람의 입 모양을 나타낸 글자이다. 다문 입을 그
리지 않고 벌려진 입 모양을 그린 것은 입이 수행하는 가장
중요한 기능인 말을 하거나 음식을 먹는 것과 관계가 있기 때
문이다.

기초 한자 - 1,800자 중 52자

口 **구** 입　只 **지** 다만　叫 **규** 부르짖다　史 **사** 역사, 사관　可 **가** 옳다　司 **사** 맡다, 벼슬　右 **우** 오른쪽　古 **고** 예, 선조　句 **구** 구절　召 **소** 부르다　吐 **토** 토하다　吏 **리** 관리　向 **향** 향하다　同 **동** 같다　各 **각** 각각　合 **합** 화합하다　吉 **길** 길하다　名 **명** 이름　吟 **음** 읊다　吸 **흡** 마시다　吹 **취** 불다　君 **군** 임금, 군자　否 **부** 아니다　含 **함** 머금다　吾 **오** 나　告 **고** 알리다　味 **미** 맛　呼 **호** 부르다　和 **화** 화합하다　命 **명** 목숨, 명령　周 **주** 두루, 나라명　品 **품** 등급, 물건　哀 **애** 슬프다　咸 **함** 다　哉 **재** 어조사　哭 **곡** 울다　員 **원** 인원　哲 **철** 밝다　唐 **당** 당나라　唯 **유** 오직　唱 **창** 노래하다　商 **상** 장사　問 **문** 묻다　啓 **계** 열다　單 **단** 홑　喪 **상** 복입다, 초상　善 **선** 착하다, 좋다, 잘하다　喜 **희** 기쁘다　嗚 **오** 탄식하다　嘗 **상** 맛보다, 일찍이　器 **기** 그릇　嚴 **엄** 엄하다

---

(2) 口 에울 위, 큰입구

　　象形字. 사방을 빙 두른 모양을 본뜬 글자로 주로 '둘러싸다, 에워싸다'는 의미나 나라 등을 의미한다.

囚 수 가두다   四 사 넷   回 회 돌아오다   因 인 인하다   困 곤 곤하다
固 고 굳다, 진실로   國 국 나라   圍 위 둘레, 두르다   園 원 동산   圓 원
둥글다   圖 도 그림   團 단 둥글다, 모이다

---

(3) 土 흙 토

象形字. 二의 모양에서 위쪽의 一은 땅 표면을 의미하고, 아
래의 一은 땅 속을 의미하며, 가운데 十는 땅 속에서 싹이 터
지표를 뚫고 올라오는 식물로, 식물 생육生育의 바탕이 되는
흙을 의미한다.

土 토 흙   地 지 땅   在 재 있다   均 균 고르다   坐 좌 앉다   坤 곤 땅,
괘   垂 수 늘어지다   埋 매 묻다   城 성 성   執 집 잡다   域 역 지경, 구
역   培 배 북돋다   基 기 터   堂 당 집   堅 견 굳다   報 보 갚다, 알리다
堤 제 방죽   場 장 마당   塊 괴 덩어리   塔 탑 탑   塞 새 변방, 색 막다
塗 도 진흙, 길   境 경 지경   墓 묘 무덤   增 증 더하다   墳 분 봉분   墨
묵 먹   墮 타 떨어지다   壇 단 제단   壁 벽 벽   壓 압 누르다   壞 괴 무

너지다 壤 양 흙, 땅

---

(4) 士 선비 사

會意·象形字. 十과 一의 결합자로, 一부터 十까지는 수의 기본이 되기에 학업의 기본인 배움을 의미한다. 또한 도끼를 들고 있는 남자를 의미하기도 한다. 도끼를 잡은 형 집행관과 같은 사람의 의미로 벼슬하는 사람, 혹은 관직에 있는 사람의 의미로 활용한다.

기초 한자 – 1,800자 중 4자

士 **사** 선비, 사내   壬 **임** 아홉째 천간   壯 **장** 씩씩하다   壽 **수** 목숨, 나이

---

(5) 夂 뒤져올 치

指事字. 사람의 다리 정강이의 모양에다 앞으로 나가도록 밀고 있는 모양을 본뜬 글자이다. 좌측 위에서 우측 아래로 비스듬히 내려 그은 두 사선은 발이 천 근이나 되어 뒤쳐져 걷는 것을 뜻한다.

---

(6) 夊 천천히 걸을 쇠

指事·象形字. 두 정강이를 본뜬 모양에 앞으로 나가는 것을 막고 있다는 의미를 더한 글자로, 止(그칠 지)를 거꾸로 쓴 글자로 보기도 한다. 夂와 매우 흡사한 글자로 차이가 있다면 왼쪽 위에서 오른쪽 아래로 그은 사선이 앞으로 삐죽이 나와 있는 차이가 있어, 천천히 걷는 의미로 사용된다.

기초 한자 – 1,800자 중 1자

夏 하 여름

---

(7) 夕 저녁 석

指事字. 月에서 1획을 빼낸 모양으로 달이 반쯤 보임으로 해서 해가 지고 달이 뜨는 과정을 의미하는 저녁이나 황혼을 뜻한다. 夕(석)은 달의 모양에서 나왔는데, 안에 있는 ―는 계수나무 한 그루를 상징하며, 해가 막 진 초저녁이기 때문에 달이

밝지 않아 계수나무가 한 그루만 보였기 때문에 夕은 저녁을 의미한다.

기초 한자 – 1,800자 중 5자

夕 석 저녁 外 외 바깥 多 다 많다 夜 야 밤 夢 몽 꿈

---

(8) 大 큰 대

象形字. 사람을 정면에서 바라 본 모양으로 양팔과 양다리를 본뜬 글자이다. 동물이나 곤충들은 자신을 보호하기 위해 자신의 몸집을 크게 보임으로써 적의 위협을 격퇴시키는데, 사람 또한 두 팔과 두 다리를 활짝 펼친 모양의 정면이다.

기초 한자 – 1,800자 중 17자

大 대 크다 太 태 크다 夫 부 사내, 남편 天 천 하늘 央 앙 가운데
失 실 잃다 夷 이 오랑캐 奇 기 기이하다 奈 내 어찌 奉 봉 받들다
奔 분 달아나다, 달리다 契 계 맺다 奏 주 아뢰다, 연주하다 奚 해 어찌
奪 탈 빼앗다 獎 장 권하다 奮 분 떨치다

(9) 女 계집 녀

象形字. 사람이 무릎을 굽히고 두 손을 가지런하게 무릎 위에 올리고 있는 모양으로, 유순하고 얌전하게 앉아 있는 여자의 의미로 사용된다.

기초 한자 - 1,800자 중 29자

女 녀 계집 奴 노 종 好 호 좋아하다 如 여 같다, 어찌 妃 비 왕비
妄 망 망령되다 妙 묘 묘하다 妨 방 방해하다 妥 타 온당하다 妹 매
손 아랫누이 姉 자 누이 始 시 비로소, 처음 姑 고 시어머니, 잠시 姓
성 성 妻 처 아내 妾 첩 첩 委 위 맡기다 姦 간 간사하다 姪 질 조
카 姻 인 혼인 威 위 위엄 姿 자 맵시 娘 낭 각시 娛 오 즐거워하다
婚 혼 혼인하다 婢 비 계집종 婦 부 며느리, 아내 媒 매 중매 嫌 혐
싫어하다

(10) 子 아들 자

象形字. 사람의 머리와 수족手足을 본뜬 글자로, 발이 하나로 표현된 것은 강보에 쌓인 어린아이의 모양을 형상화한 것으로 '아이, 새끼' 등의 의미로 쓰인다.

子 **자** 아들　孔 **공** 구멍　字 **자** 글자　存 **존** 있다　孝 **효** 효도　孟 **맹** 맏
孤 **고** 외롭다　季 **계** 끝, 철　孫 **손** 손자　孰 **숙** 누구, 어느　學 **학** 배
우다

---

(11) 宀 집 면, 갓머리

象形字. 지붕이 덮어 씌워져 있는 움집의 모양을 본뜬 글자
이다. 宀은 초가지붕 가운데 용마루가 쭉 뻗어 있고, 그 양쪽
으로 지붕이 축 늘어져 있는 모습이며, 본 뜻은 지붕 또는 집
을 의미한다.

宅 **택** 집　宇 **우** 집, 하늘　守 **수** 지키다　安 **안** 편안하다　完 **완** 완전하
다　宗 **종** 마루　官 **관** 벼슬　宙 **주** 하늘　定 **정** 정하다　宜 **의** 마땅하다
客 **객** 나그네　宣 **선** 베풀다　室 **실** 집　宮 **궁** 집, 궁궐　害 **해** 해치다
宴 **연** 잔치　家 **가** 집　容 **용** 얼굴, 용납하다　宰 **재** 재상　宿 **숙** 자다
寂 **적** 고요하다　寄 **기** 부치다　寅 **인** 셋째 지지　密 **밀** 빽빽하다　富 **부**
부유하다　寒 **한** 차다　察 **찰** 살피다　寡 **과** 적다　寢 **침** 자다　實 **실** 열

매, 실제 寧 녕 편안하다, 어찌 審 심 살피다 寫 사 베끼다 寬 관 너그
럽다 寶 보 보배

---

(12) 寸 마디 촌

指事字. 본래 손을 의미하는 又(우)와 손목에서 뛰는 맥박의
의미인 一이 합쳐진 글자이다. 손목과 맥박이 뛰는 위치까지의
거리인 손가락 하나 정도를 끼울 수 있는 거리를 '마디'라고 하
며, 이는 손가락 마디가 아니고 손가락 하나의 폭을 의미한다.

기초 한자 - 1,800자 중 10자

寸 **촌** 치 寺 **사** 절 封 **봉** 봉하다 射 **사** 쏘다 將 **장** 장수, 장차 專
전 오로지, 멋대로 尊 **존** 높다 尋 **심** 찾다 對 **대** 대답하다, 상대하다 導
도 이끌다, 인도하다

---

(13) 小 작을 소

會意 · 象形字. 미세한 물건을 의미하는 ㅣ와 나눈다는 의미
의 八이 결합한 글자로, 八자 중간에 막대기는 칼을 의미하며,

물건의 가운데를 칼로 나누고, 그렇게 나누다 보면 물체는 자꾸만 작아지기에 작다는 뜻을 지닌다.

기초 한자 – 1,800자 중 4자

小 소 작다 少 소 적다 尖 첨 뾰족하다 尙 상 숭상하다

---

(14) 尢, 兀, 尣 절름발이 왕

象形字. 사람을 정면에서 본 모양을 본뜬 글자인 大에 한쪽 정강이가 굽은 사람의 모양을 본뜬 글자로, 절름발이 자체나 어려움을 의미한다.

기초 한자 – 1,800자 중 2자

尤 우 더욱, 허물 就 취 나아가다

---

(15) 尸 주검 시

象形字. 사람이 배를 깔고 누워 있는 모양을 본뜬 글자로, 머리가 엎어져 있고 등이 굽어 있는 죽은 사람의 굳어진 몸을

나타낸 글자이다.

기초 한자 - 1,800자 중 12자

尺 **척** 자 尾 **미** 꼬리 局 **국** 판 居 **거** 살다 屈 **굴** 굽다 屋 **옥** 집 展 **전** 펴다 屛 **병** 병풍 屢 **루** 자주 層 **층** 층, 겹 履 **리** 신, 밟다 屬 **속** 무리

---

(16) 屮 풀싹 철

象形字. 초목의 풀이 무성하게 돋아난 모양을 본뜬 글자로, 艸의 고자古字이다.

기초 한자 - 1,800자 중 1자

屯 **둔** 싹, 모이다, 진치다

---

(17) 山 뫼 산

象形字. 높이 솟아 있는 돌 바위의 형상까지 본뜬 글자로, 부수 역시 산과 관련된 의미로 활용된다.

기초 한자 - 1,800자 중 9자

山 **산** 산 岸 **안** 언덕 岳 **악** 큰산 峯 **봉** 봉우리 島 **도** 섬 崇 **숭** 높
이다 崩 **붕** 무너지다 嶺 **령** 재, 고개 巖 **암** 바위

---

(18) 川, 《《 내 천, 개미허리 셋

象形字. 도랑에 물이 흐르는 모양을 본뜬 글자이다. 하천은
흔히 강보다는 좁고 개울보다는 큰 흐름으로 물굽이가 빠른 곳
도 있고 느린 곳도 있다. 또한 중간에 돌이나 바위 따위가 있
어 흐름이 여의치 않은 곳도 있다. 물이 똑바로 흐르지 않고
굽이쳐 흐르는 것은 돌과 같은 장애물이 있기 때문이다. 따라
서 川은 냇물이 되고, 개미허리처럼 가늘다라는 의미에서 개미
허리변이라고도 한다. 《《은 후에 우리가 흔히 말하는 川으로
바뀌었다.

기초 한자 - 1,800자 중 3자

川 **천** 내 州 **주** 고을 巡 **순** 돌다

(19) 工 장인 공

指事 · 象形 · 會意字. 천지天地의 의미인 두 공간(二) 사이에서 인간이 서서(丨) 규칙적인 일을 하는 것을 나타낸 글자로, 그가 들고 일하는 연장이나 도구를 뜻한다.

기초 한자 – 1,800자 중 5자

工 **공** 장인   巧 **교** 공교하다   巨 **거** 크다   左 **좌** 왼편   差 **차** 차이

---

(20) 己 몸 기

指事字. 만물이 자신의 모습을 굽혀서 숨기고 있는 모양을 본뜬 글자로 속 깊은 곳, 또는 남에 대비하여 안의 자기 자신의 의미로 확대되었다. 己자는 대체로 간지干支를 뜻하는 말이 많으며, 몸이나 자기 자신과 관계되는 말이 많다.

기초 한자 – 1,800자 중 4자

己 **기** 몸   已 **이** 이미, 그치다   巳 **사** 여섯째 지지   巷 **항** 거리

(21) 巾 수건 건

象形字. 펼쳐놓은 한 폭의 천을 띠(丨)에 차서 드리우고 있는 모양을 본뜬 글자로 '행주'의 의미에서 수건 등의 의미로 발전하였으며, 巾은 수건의 양쪽이 드리워져 있는 형상에 가운데의 丨은 빨랫줄을 지탱하는 나무를 뜻한다.

기초 한자 – 1,800자 중 13자

市 **시** 저자　布 **포** 베, 베풀다　希 **희** 바라다　帥 **수** 장수, 솔 거느리다
帝 **제** 임금　師 **사** 스승, 군사　席 **석** 자리　帳 **장** 휘장　帶 **대** 띠, 차다
常 **상** 떳떳하다, 항상　幅 **폭** 폭　幕 **막** 장막　幣 **폐** 비단, 폐백

---

(22) 干 방패 간

會意·象形字. 방어해야 할 목표물의 의미인 一과 八자를 거꾸로 한 모양(ㅜ)의 결합으로, 끝이 갈라진(Y) 나무막대기의 모양을 본뜬 글자이며, 상대의 무기를 막는 방패라는 의미를 나타낸다.

干 **간** 방패　平 **평** 평평하다　年 **년** 해, 나이　幸 **행** 다행, 요행　幹 **간** 줄기, 맡다

---

(23) 幺 작을 요

象形字. 갓 태어난 아이의 모양을 본뜬 글자로, 작다(小:소)는 의미로 활용되며, 실(絲)의 반쪽이 糸(가는 실 멱)이고, 糸의 반이 幺(작을 요)이다. 그래서 '가늘다, 작다, 미약하다' 등으로 활용된다.

幼 **유** 어리다　幽 **유** 그윽하다　幾 **기** 몇, 거의

---

(24) 广 집 엄

指事字. 언덕 위에다가 지붕을 의미하는 를 더해 언덕 위에 서 있는 '집'의 의미를 도출한 것으로, 이엉을 엮어 올린 평범한 초가집의 지붕 모양이다. 다만 厂(언덕 엄)과 다른 점은 지붕

과 한쪽 벽면을 포함하고 있는 점이다.

기초 한자 - 1,800자 중 19자

序 **서** 차례　床 **상** 평상　底 **저** 밑　店 **점** 전방　庚 **경** 일곱째 천간　府
부 마을, 관청　度 **도** 법도　座 **좌** 자리　庫 **고** 곳집　庭 **정** 뜰　庶 **서** 여
러　康 **강** 편안하다　庸 **용** 떳떳하다, 어리석다　廉 **렴** 청렴하다, 값싸다
廊 **랑** 행랑　廟 **묘** 사당　廢 **폐** 폐하다　廣 **광** 넓다　廳 **청** 관청

---

(25) 廴 발 끌며 걸을 인, 길게 걸을 인

　指事字. '두인변(彳)'에서 아래로 내려 그은 획을 더 늘린 글
자이다. 발을 길게 끌면서 걷는 것을 의미하며, 부수 명칭은
'책받침'과 구분하여 '민책받침'이라고 한다.

기초 한자 - 1,800자 중 3자

延 **연** 끌다　廷 **정** 조정　建 **건** 세우다

(26) 廾 들 공, 두 손으로 공손히 할 공, 밑스물

會意字. 왼손과 오른손의 결합으로 두 손을 모아 떠받들고 있는 형상으로, 뜻은 두 손의 의미로 사용된다. 부수 명칭은 十(열 십) 자를 둘 합친 모양으로 보아 스물 卄(입)와 유사하여 '밑스물'로 부른다.

기초 한자 – 1,800자 중 2자

弄 **롱** 희롱하다   弊 **폐** 해지다

---

(27) 弋 말뚝 익, 주살 익

象形字. 꺾은 나뭇가지에 옆으로 뾰족하게 나온 부분에 물건이 걸려 있는 말뚝 모양을 본뜬 글자이다. 옛날에는 활을 사용하여 새를 잡았는데, 활은 한번 쏘고 나면 멀리 사라지고 말기에 화살이 멀리 달아나지 못하도록 끝에 실을 매달아 사용하곤 했는데, 그것을 '주살'이라고 한다.

기초 한자 – 1,800자 중 1자

式 **식** 법, 의식 : 格式(격식), 格言(격언)

(28) 弓 활 궁

象形字. 활을 세워놓은 모양에서 나온 글자이며, 아직 시위를 걸지 않은 상태로, 활과 활의 부속물이나 활과 관련된 동작이나 상태를 나타낸다.

기초 한자 – 1,800자 중 9자

弓 **궁** 활   弔 **조** 조문하다   引 **인** 당기다   弘 **홍** 넓다   弟 **제** 아우   弱 **약** 약하다   張 **장** 베풀다   强 **강** 강하다, 힘쓰다   彈 **탄** 탄알, 튀기다

---

(29) 彐, 彑, 彑 돼지머리 계, 터진가로왈

象形字. 돼지머리 또는 고슴도치 머리의 뾰족한 모양을 본뜬 글자이며, 부수 명칭은 '가로왈(曰)'의 왼쪽 내려 그은 획을 뺀 것과 유사하여 '터진가로왈'로 부른다.

기초 한자 – 1,800자 중에 해당 한자 없음.

(30) 彡 터럭 삼, 삐친석삼

象形字. 머리털이 보기 좋게 자라, 빗질해놓은 모양을 본뜬 글자이며, 彡은 새의 깃털이 바람에 나부끼는 모양으로도 보아, 새의 깃털을 의미하기도 한다.

기초 한자 - 1,800자 중 3자

形 **형** 형상 彩 **채** 무늬 影 **영** 그림자

---

(31) 彳 천천히 걸을 척, 두인변

象形字. 넓적다리와(丿)와 정강이(丿) 그리고 발(丨)을 표현하여 '절뚝절뚝' 걷는 모양을 형상화한 글자이며, '움직이다, 일하다, 걷다' 등으로 활용된다. 부수 명칭은 '사람인변'에 삐침 한 획을 더한 모양이어서 '두인변'이라고 부른다.

기초 한자 - 1,800자 중 19자

役 **역** 부리다 彼 **피** 저, 그 往 **왕** 가다 征 **정** 가다, 치다 待 **대** 기다리다, 대접하다 律 **률** 법 後 **후** 뒤 徐 **서** 천천히 하다 徑 **경** 지름길 徒 **도** 무리, 다만 得 **득** 얻다 從 **종** 따르다 御 **어** 어거하다 復 **복** 회

복하다, 부 다시 循 순 돌다 微 미 작다 徹 철 뚫다, 통하다 徵 징 부르다, 조짐 德 덕 덕

| 4획 |

(1) 心, 忄, 㣺 마음 심

象形字. 심장의 모양을 본뜬 글자이며, 고대에는 뇌(머리)가 수행하는 생각하는 기능을 심장에서 담당하는 것으로 인식해, 마음의 바탕으로 심장을 본뜬 글자이다. 부수의 활용은 '생각, 감정' 등 마음의 의미로 활용된다.

기초 한자 - 1,800자 중 76자

心 심 마음 必 필 반드시 忌 기 꺼리다 忍 인 참다 志 지 뜻 忘 망 잊다 忙 망 바쁘다 忠 충 충성 念 념 생각 忽 홀 문득 快 쾌 쾌하다 怒 노 성내다 思 사 생각 怠 태 게으르다 急 급 급하다 怨 원 원망 性 성 성품 怪 괴 기이하다 恥 치 부끄럽다 恐 공 두려워하다 恕 서 용서하다 恣 자 방자하다 恩 은 은혜 息 식 쉬다 恭 공 공손하다 恒 항 항상 恨 한 한하다 患 환 근심 悠 유 멀다 悅 열 기쁘다 悔 회 뉘

우치다 悟 오 깨닫다   悲 비 슬프다   惑 혹 미혹되다   惠 혜 은혜   惡 악 악하다, 오 미워하다   情 정 정   惜 석 아끼다   惟 유 생각하다, 오직   愛 애 사랑   感 감 느끼다   想 상 생각하다   愁 수 근심   愈 유 더하다, 낫다   意 의 뜻   愚 우 어리석다   惱 뇌 괴로워하다   慈 자 사랑   態 태 태도 모양   愧 괴 부끄러워하다   愼 신 삼가다   慶 경 경사   憂 우 근심   慙 참 부끄러워하다   慧 혜 슬기   慮 려 생각하다   慰 위 위로하다   慾 욕 욕심   慕 모 사모하다   慘 참 아프다   慢 만 게으르다   慣 관 익숙하다   慨 개 슬퍼하다   憲 헌 법   憎 증 미워하다   憐 련 불쌍히 여기다   憤 분 성내다   憫 민 불쌍히 여기다   懇 간 정성   應 응 응하다   憶 억 생각하다   懲 징 징계하다   懸 현 달다   懷 회 품다   懼 구 두려워하다   戀 련 사모하다

---

(2) 戈 창 과

象形字. 손잡이가 달린 긴 자루 끝에 갈고리 모양의 칼날을 붙인 창의 모양을 본뜬 글자이다.

기초 한자 – 1,800자 중 9자

戊 무 다섯째 천간   戌 술 열한째 지지   成 성 이루다   我 아 나   戒 계 경계하다   或 혹 혹   戚 척 겨레   戰 전 싸우다   戲 희 희롱하다, 놀다

(3) 戶 지게문 호, 문 호

象形字. 문짝의 한쪽 부분을 본뜬 모양이나 여닫는 외 문짝을 본뜬 글자로 본다. 문집이나 그에 부속된 것들과 관련되어 출입문이나 가옥 등의 의미로 쓰인다.

기초 한자 – 1,800자 중 3자

戶 **호** 집　房 **방** 방　所 **소** 바

(4) 手, 扌 손 수, 재방변

象形字. 다섯 손가락을 펼치고 있는 손의 모양을 본뜬 글자이다. 손의 각 부위 명칭이나 동의 동작, 행위 등과 관련된 의미로 활용된다.

기초 한자 – 1,800자 중 65자

手 **수** 손　才 **재** 재주　打 **타** 치다　托 **탁** 받치다　承 **승** 잇다　扶 **부** 돕다　批 **비** 비평하다　技 **기** 재주　抄 **초** 베끼다　抑 **억** 누르다　投 **투** 던지다　抗 **항** 대항하다　折 **절** 꺾다　把 **파** 잡다　拜 **배** 절　抱 **포** 안다　抵 **저** 막다　抽 **추** 뽑다　拂 **불** 떨치다, 치르다　拍 **박** 손뼉치다　拒 **거**

막다 拓 척 열다, 탁 박다 拔 발 빼다 拘 구 거리끼다 拙 졸 졸하다 招 초 부르다 押 압 누르다, 운을 달다 拳 권 주먹 拾 습 줍다 持 지 가지다 指 지 손가락 挑 도 돋우다 振 진 떨치다 捉 착 잡다 捕 포 잡다 掌 장 손바닥 捨 사 버리다 掃 소 쓸다 授 수 주다 排 배 물리 치다 掛 괘 걸다 掠 략 노략질하다 採 채 캐다 探 탐 찾다 接 접 접 하다 推 추 옮기다 提 제 끌다 揚 양 날리다 換 환 바꾸다 揮 휘 휘 두르다 援 원 돕다 損 손 덜다 搖 요 흔들리다 携 휴 가지다 搜 수 찾다 摘 적 따다 播 파 뿌리다, 달아나다 擊 격 치다 擇 택 가리다 操 조 잡다, 지조 擔 담 메다, 맡다 據 거 의거하다 擁 옹 안다, 돕다 擴 확 넓히다 攝 섭 겸하다, 당기다

---

(5) 支 나눌 지, 버틸 지

會意字. 글자 아랫부분의 손(又)과 윗부분의 대나무가지(十) 가 결합된 글자이며, 손으로 대나무가지를 쥐고 지탱하고 있음 을 의미한다. 枝(가지 지)의 본래 글자이다.

기초 한자 - 1,800자 중 1자

支 지 지탱하다, 주다 : 支給(지급), 地支(지지)

(6) 攴, 攵 칠 복, 등글월문

會意字·形聲字. 글자 아래 부분의 손(又)과 위의 나뭇가지인 회초리(卜)가 결합하여, 치거나 때리다, 혹은 억지로 …하다는 의미로 쓰인다.

기초 한자 - 1,800자 중 19자

收 수 거두다 改 개 고치다 攻 공 치다 放 방 놓다 政 정 정사 故 고 일 效 효 본받다 敍 서 차례 敏 민 민첩하다 救 구 구원하다 教 교 가르치다 敗 패 패하다 敢 감 감히 散 산 흩어지다 敦 돈 도탑다 敬 경 공경하다 敵 적 원수 數 수 수, 삭 자주, 촉 빽빽하다 整 정 가지런하다

(7) 文 글월 문

象形字. 사람의 가슴 부위에 심장에 그린 무늬 모양 또는 획을 이리 저리 그은 모양을 본뜬 글자이다. 처음에는 무늬나 채색 등으로 사용되다가, 나중에 문장이나 글자의 의미로 변천되었다.

기초 한자 – 1,800자 중 1자

文 문 글월 : 文房四友(문방사우), 文盲(문맹)

---

(8) 斗 말 두

象形字. 액체의 용량을 재거나 퍼낼 때 쓰는 도구인 국자 모양을 본뜬 글자이며, 주로 '양을 재다, 따르다' 등으로 활용 된다.

기초 한자 – 1,800자 중 3자

斗 두 말 料 료 헤아리다, 거리   斜 사 비끼다

---

(9) 斤 도끼 근 , 날근방, 무게 근

象形字. 긴 자루 끝에 도끼 날을 단 도끼 모양이나 혹 두 개 의 도끼를 나란하게 포개어놓은 형상이다. '도끼, 자르다, 베 다' 등을 의미하며, 주로 漢字의 방(오른쪽)에 사용되기 때문에 '날근방'이라고도 부른다.

斤 **근** 근   斥 **척** 물리치다   斯 **사** 이   新 **신** 새   斷 **단** 끊다

---

(10) 方 모 방

象形字. 농기구인 쟁기의 날 부분 모양을 본뜬 글자이다. 쟁기의 보습이 앞으로 나아가야 밭을 갈아 농사를 짓기에 '방향, 땅' 등의 의미로 활용된다. 또한 두 척의 조각배를 나란히 붙여놓고 묶어놓은 모양을 본뜬 글자로 보아 '나란히 하다' 는 의미를 지닌다.

方 **방** 모, 방향   於 **어** 어조사   施 **시** 베풀다   旅 **려** 나그네   旋 **선** 돌다
族 **족** 겨레   旗 **기** 기

---

(11) 无, 旡 없을 무, 이미기몸

指事字. 兀(우뚝 올)의 왼쪽 획(丿)이 치뚫고 허공(一)까지 통하니 그 위가 아무것도 '없다' 는 뜻을 나타낸다.

기초 한자 - 1,800자 중 1자

旣 기 이미 : 旣往之事(기왕지사), 旣婚(기혼)

---

(12) 日 날 일

象形字. 태양의 모양을 본뜬 글자이며, '태양, 명암, 시간, 날씨' 등의 의미로 활용된다.

기초 한자 - 1,800자 중 35자

日 **일** 날, 해 旦 **단** 아침 早 **조** 일찍 旬 **순** 열흘 旱 **한** 가물다 昌 **창** 창성하다 昇 **승** 오르다 易 **역** 바꾸다, **이** 쉽다 明 **명** 밝다 昏 **혼** 어둡다 昔 **석** 예, 접때 星 **성** 별 是 **시** 이, 옳다 映 **영** 비치다 昨 **작** 어제 昭 **소** 밝다 春 **춘** 봄 時 **시** 때 晨 **신** 새벽 晚 **만** 늦다, 저물다 晝 **주** 낮 景 **경** 빛, 경치 晴 **청** 개다 普 **보** 넓다 智 **지** 슬기 暑 **서** 덥다 暇 **가** 겨를 暖 **난** 따뜻하다 暗 **암** 어둡다 暢 **창** 화창하다 暴 **포** 사납다, **폭** 나타내다, 쬐다 暫 **잠** 잠깐 暮 **모** 저물다 曉 **효** 새벽 曆 **력** 책력

(13) 曰 가로 왈

指事字. 입(口)으로 말을 하면 기운이 흘러나와(一) 말이 됨을 가리키는 글자로, 日(날 일)에 포함시키기 어려운 글자를 曰(왈)에 포함시킨다.

기초 한자 - 1,800자 중 8자

曰 **왈** 말하다 曲 **곡** 굽다 更 **경** 고치다, 시각, **갱** 다시 書 **서** 글, 쓰다
最 **최** 가장, 제일 曾 **증** 일찍 替 **체** 바꾸다 會 **회** 모으다, 기회

---

(14) 月 달 월

象形字. 달의 모양을 본뜬 글자로 항상 차 있는 해(日)와 구별해서 차고 기우는 달의 형상에서 이지러지는 달의 모양을 본떠서 만든 글자이다. 달이나 시기, 시간 등의 의미로 쓰이며, 肉(고기 육)의 변형인 '月'은 '육달월'의 명칭으로 사용한다.

기초 한자 - 1,800자 중 8자

月 **월** 달, 세월 有 **유** 있다 朋 **붕** 벗 服 **복** 옷, 일 朔 **삭** 초하루, 북녘 望 **망** 바라다, 보름 朝 **조** 아침, 조정 期 **기** 기약하다

(15) 木 나무 목

象形字. 나무의 전체 모양을 본뜬 글자로, 나무의 줄기에 가지와 뿌리를 다 표현한 글자이다. 나무의 종류, 물건, 상태 등과 관련된 의미로 활용된다.

기초 한자 - 1,800자 중 65자

木 **목** 나무   本 **본** 근본   未 **미** 아니다, 여덟째 지지   末 **말** 끝   朴 **박** 순박하다   朱 **주** 붉다   李 **리** 오얏나무   材 **재** 재목, 재능   村 **촌** 마을   束 **속** 묶다   林 **림** 숲   杯 **배** 잔   松 **송** 소나무   板 **판** 널, 판목   析 **석** 쪼개다   枕 **침** 베개   枝 **지** 가지   東 **동** 동녘   果 **과** 실과, 과연   査 **사** 조사하다   枯 **고** 마르다   柏 **백** 잣나무   柱 **주** 기둥   柳 **류** 버드나무   架 **가** 시렁   某 **모** 아무   染 **염** 물들이다   柔 **유** 부드럽다, 순하다   校 **교** 학교   株 **주** 그루, 주식   核 **핵** 씨, 핵심   根 **근** 뿌리, 근본   格 **격** 이르다   桂 **계** 계수나무   桃 **도** 복숭아   栽 **재** 심다   栗 **률** 밤   案 **안** 책상, 안석   桑 **상** 뽕나무   梅 **매** 매화   械 **계** 기구   梁 **량** 들보, 다리   棄 **기** 버리다   梨 **리** 배나무   條 **조** 가지, 조목   植 **식** 심다, 두다   楊 **양** 버들   極 **극** 지극하다, 다하다   業 **업** 일   構 **구** 얽다, 이루다   榮 **영** 영화롭다, 성하다   槪 **개** 대개   樓 **루** 다락   標 **표** 표   模 **모** 법, 본 뜨다   樣 **양** 모양   樂 **악** 풍류, **락** 즐기다, **요** 좋아하다   樹 **수** 나무, 심다   橋 **교** 다리   機 **기** 베

틀, 때 橫 **횡** 가로, 멋대로 檀 **단** 박달나무 檢 **검** 조사하다 欄 **란** 난
간, 난 權 **권** 권세

---

(16) 欠 하품 흠

象形字. 사람이 앉아서 입을 벌리고 있는 모습을 본떠 입에
서 입김이 나오는 모양을 상조한 글자이며, '입을 벌리다, 하
품하다' 등에서 확장되어 입에서 나오는 소리나 행위까지 포함
한다.

기초 한자 – 1,800자 중 6자

次 **차** 버금, 차례, 번 欲 **욕** …하고자 하다, 바라다 欺 **기** 속이다 歌 **가**
노래 歎 **탄** 탄식하다 歡 **환** 기뻐하다

---

(17) 止 그칠 지, 발 지

象形字. 사람이 멈추어 선 발목 아래의 모양을 본뜬 글자이
며, '멈추다, 그치다'로 쓰이거나, 시간의 변화와 관련된 의미
로도 사용되며, 또는 초목이 싹틀 무렵의 뿌리 모양을 본뜬 글

자로 보아 뿌리라는 의미도 지닌다.

기초 한자 - 1,800자 중 8자

止 **지** 그치다 正 **정** 바르다, 본 此 **차** 이, 이에 步 **보** 걸음 武 **무** 호반, 굳세다 歲 **세** 해, 나이, 세월 歷 **력** 지내다 歸 **귀** 돌아오다

---

(18) 歹, 歺 죽을 사, 뼈 앙상할 알

象形字. 살을 발라낸 뼈의 모양을 형상화한 글자로, 대부분 죽음과 관련된 의미로 활용되며, 그 잔악한 모양에서 '몹쓸'의 뜻으로 사용된다.

기초 한자 - 1,800자 중 6자

死 **사** 죽다 殃 **앙** 재앙 殆 **태** 위태하다 殉 **순** 따라죽다 殊 **수** 다르다
殘 **잔** 남다

---

(19) 殳 칠 수, 몽둥이 수, 갖은등글월문

會意字. 몽둥이(几)을 오른손(又)으로 들고 친다는 뜻으로, 몽

둥이에서 날 없는 창을 뜻하기도 한다. 주로 '때리다, 부수다' 의 의미로 사용된다.

기초 한자 - 1,800자 중 4자

段 **단** 조각   殺 **살** 죽이다, **쇄** 덜다, 세차다   毁 **훼** 헐다   殿 **전** 큰 집

---

(20) 毋 말 무

會意·象形字. '毋' 자에서 중간 ㅣ을 뺀 글자가 바로 女이기에 정숙하고 얌전한 여자가 부정이나 잘못을 못하게 하다는 의미에서, '~을 못하게 하다, 금지하다'의 의미인 ㅣ를 그어 '~하지 말라'는 뜻을 지니게 되었다. 또 본래 母(어미 모)와 같이 사용하다가 별도로 분리되어 '~하지 말라, 없다'의 의미로 사용된다.

기초 한자 - 1,800자 중 3자

母 **모** 어머니   每 **매** 매양   毒 **독** 독, 해치다

(21) 比 나란할 비, 견줄 비

　會意字. 두 사람이 나란히 서 있는 모습을 본떠 '견주어보다, 비교하다' 의 의미로 사용된다.

　기초 한자 – 1,800자 중 1자

比 **비** 견주다, 비례 : 比較(비교)

---

(22) 毛 털 모

　象形字. 새의 깃털이나 짐승의 털이 위로 향해 있는 모양을 본뜬 글자이며, 짐승들의 털이나 털로 만든 물건 등과 관련된 의미로 활용된다.

　기초 한자 – 1,800자 중 2자

毛 **모** 털, 풀 : 不毛地帶(불모지대), 毫 (호) 잔털 : 秋毫(추호)

---

(23) 氏 성씨 씨, 각시 씨

　象形·假借字. 장대 끝에 뱀 등의 상징을 걸어놓은 모양에서 고대 종족의 상징을 의미하여 종족 명칭으로 사용되어 씨족의 뜻으로 사용되었다. 가차假借의 의미로는 음식을 먹는 숟가락 모양을 본뜬 글자로 설명해서 사람이 사는 작은 언덕(阜의 아래 十을 뺀 글자)과 음이 같아 종족의 의미로 쓰인다.

기초 한자 – 1,800자 중 2자

氏 씨 성, 각시 : 姓氏(씨족), 民 (민) 백성: 與民同樂(여민동락)

---

(24) 气 기운 기

象形字. 구름이나 김 같은 기운이 위로 피어오르는 모습을 본 뜬 글자이며, '구름, 수증기, 공기'와 관련된 의미로 활용된다.

기초 한자 – 1,800자 중 1자

氣 기 기운 : 節氣(절기), 浩然之氣(호연지기)

---

(25) 水, 氵, 氺 물 수, 삼수변

會意 · 象形字. 물줄기의 가운데와 양쪽의 흘러가는 물의 모

부수편

습을 결합한 글자이다. 물이나 강 등의 이름이나 물과 관련된 상태나 동작 등의 의미로 활용된다. 부수의 위치가 변에 사용되면 부수는 氵로 변형되며 '삼수변'으로 부른다.

기초 한자 – 1,800자 중 91자

水 수 물, 강 氷 빙 얼음 永 영 길다, 오래다 求 구 구하다 汚 오 더럽다 汗 한 땀 汝 여 너 江 강 강 池 지 못 決 결 결정하다 沈 침 가라앉다 沒 몰 빠지다 沙 사 모래 泉 천 샘 泰 태 크다, 산 이름 河 하 물, 내 油 유 기름 治 치 다스리다 沿 연 물 따라 내려가다 況 황 하물며, 모양 泊 박 배대다, 묵다 法 법 법 波 파 물결 泣 읍 울다 泥 니 진흙 注 주 물대다, 뜻을 두다 泳 영 수영하다 洋 양 큰바다 洗 세 씻다 洞 동 골, 마을, 통 꿰뚫다 洪 홍 크다, 성 洲 주 섬, 물 活 활 살다 派 파 갈래, 보내다 流 류 흐르다 消 소 사라지다 浦 포 개, 항구 浩 호 넓다 浪 랑 물결, 허망하다 浮 부 뜨다 浴 욕 몸을 씻다 海 해 바다 浸 침 적시다, 잠기다 涉 섭 건너다, 관계하다 涯 애 물가, 끝 凉 량 서늘하다 淑 숙 맑다, 사모하다 淚 루 눈물, 울다 淡 담 엷다, 민물 淨 정 깨끗하다 淫 음 음탕하다 深 심 깊다 混 혼 섞다 淸 청 맑다 淺 천 얕다 添 첨 더하다 減 감 덜다, 감하다 渡 도 건너다, 나루 測 측 재다, 헤아리다 渴 갈 목마르다 湖 호 호수 湯 탕 끓이다 港 항 항

194

구 溫 온 따뜻하다　源 원 근원　準 준 법도, 표준　溪 계 시내　滅 멸
멸망하다, 멸하다　滴 적 물방울　滿 만 차다　漁 어 고기 잡다　漂 표 뜨
다, 빨래하다　漆 칠 옻칠, 검다　漏 루 새다, 물시계　演 연 흐르다, 펴다
漠 막 사막　漢 한 물 이름, 왕조　漫 만 질펀하다, 방종하다　滯 체 막히
다, 머무르다　漸 점 차차　潔 결 깨끗하다　潛 잠 잠기다　潤 윤 윤택하
다, 이득　潮 조 조수, 밀물　澤 택 늪, 은택　激 격 과격하다, 격하다　濁
탁 흐리다, 더럽다　濕 습 축축하다　濟 제 건너다, 구제하다　濫 람 넘치
다, 함부로　濯 탁 빨다, 씻다

---

(26) 火, 灬 불 화, 불화발

象形字. 불이 세차게 타오르는 모습을 본뜬 글자이다. 불과
관련하여 불의 성질이나 상태, 작용 등과 관련된 의미로 활용
된다. 부수의 위치가 발(아래쪽)에 사용되면 灬로 변형이 되고
'불화발' 이라 부른다.

기초 한자 – 1,800자 중 23자

火 화 불, 급하다　災 재 재앙　炎 염 타다, 불꽃　炭 탄 숯, 석탄　烈 렬
세차다, 굳세다　烏 오 까마귀　焉 언 어찌, 어조사　無 무 없다　然 연 그

렇다, 사르다 煙 **연** 연기, 담배 煩 **번** 번거롭다 照 **조** 비추다, 빛 熟 **숙** 익다, 무르다 熱 **열** 열, 더위 燃 **연** 타다 燈 **등** 등잔 燒 **소** 불사르다 燕 **연** 제비 營 **영** 경영하다 燥 **조** 마르다 燭 **촉** 촛불, 등불 爆 **폭** 터지다 爐 **로** 화로

---

(27) 爪, 爫 손톱 조

象形字. 위에서 아래의 물건을 덮어 움켜쥐고 있는 손의 모양을 본뜬 글자이다. 잡고 있는 손을 강조하는 의미에서 손가락 끝의 손톱의 뜻으로 사용되며, '손으로 잡는다' 는 손의 동작으로 활용된다. 글자의 머리에 사용되면 爫로 모양이 변하는데, '손톱머리' 라 부른다.

기초 한자 – 1,800자 중 3 자

爭 **쟁** 다투다 爲 **위** 하다, 만들다 爵 **작** 벼슬

(28) 父 아비 부

會意字. 한 손(又)과 돌도끼(石斧)를 결합하여 일하는 남자나 집안의 우두머리인 '아버지(父親)'를 의미하며, 혹은 손(又)과

채찍(丨)의 결합으로 채찍을 들고 가족을 거느리는 가장의 의미
로 보기도 한다.

父 부 아비 : 父傳子傳(부전자전), 神父(신부)

---

(29) 爻 사귈 효, 점괘 효

指事字. 나뭇가지를 서로 엇갈리게 놓은 모양으로 점을 칠
때 사용하는 점괘의 의미로 사용되는 글자이다.

---

(30) 爿 조각나무 장, 장수장변

象形字. 나무를 반으로 쪼갰을 때의 왼쪽 조각 모양을 본뜬
글자이다. 침상이라는 의미로 사용되는 牀(상)의 본래 글자이
다. 나무 조각으로 활용되지만, 片(조각 편) 부수가 더 많이 활
용된다.

기초 한자 – 1,800자 중 1자

牆 장 담 : 越牆(월장), 牆垣(장원)

---

(31) 片 조각 편

象形字. 나무를 반으로 쪼갰을 때의 오른쪽 조각 모양을 본뜬 글자이며, 나무를 쪼개어 만든 물건이나 조각, 나무판 등으로 활용된다.

기초 한자 – 1,800자 중 2자

片 편 조각, 쪽 版 판 널, 판목

---

(32) 牙 어금니 아

象形字. 입을 다물었을 때 위아래의 어금니가 서로 맞물린 모양을 본뜬 글자이며, 어금니의 의미로 쓰인다.

기초 한자 – 1,800자 중 1자

牙 아 어금니 : 牙城(아성), 象牙(상아), 齒牙(치아)

(33) 牛, 牜 소 우

象形字. 긴 뿔을 가진 소의 머리 모양을 본뜬 글자이며, 소의 종류나 사육 등의 의미로 활용된다. 변에 사용되면 牜로 변형이 되고 '소우변' 으로 부른다.

기초 한자 - 1,800자 중 5자

牛 **우** 소, 별 이름　牧 **목** 치다, 기르다　物 **물** 만물, 물건　特 **특** 유다르다　牽 **견** 끌다

---

(34) 犬, 犭 개 견

象形字. 꼬리를 위로 감아 올린 개의 모습이나, 귀를 쫑긋하고 있는 모습, 개가 옆으로 보고 있는 모습을 본뜬 글자이다. 개나 개와 유사한 짐승류 등의 명칭이나, 짐승들과 관련된 행위나 상태, 수렵 등의 의미로 활용된다. 부수의 위치가 변으로 사용될 때는 犭으로 변형이 된다.

기초 한자 - 1,800자 중 13자

犬 **견** 개　犯 **범** 범하다, 범인　狂 **광** 미치다　狀 **장** 문서, 상 형상　狗

구 개 猛 맹 사납다, 날래다 猶 유 오히려, 같다 獄 옥 옥, 송사 獨 독 홀로, 외롭다 獲 획 얻다 獵 렵 사냥 獸 수 짐승 獻 헌 드리다

5획

(1) 玄 거무스름할 현, 검을 현

會意 · 象形字. 덮는다는 의미의 윗부분(亠)과 멀고 깊다는 의미의 아랫부분(幺)이 결합하여 '그윽하고 멀다'는 의미를 지닌다. 弦(활시위 현)의 고자古字로 쓰이기 때문에, 가죽을 꼬아 만든 활시위를 본뜬 글자로 보고, 그 색깔인 검붉은 색의 의미로도 사용된다.

기초 한자 - 1,800자 중 3자

玄 현 검다, 깊다 玆 자 이, 이에, 검다, 현 검다 率 솔 거느리다, 앞장서다, 률 비율

(2) 玉 구슬 옥

象形字. 가로로 그은 세 개의 획은 옥돌 세 개를 의미하고, 세로로 그은 획은 옥돌을 꿴 끈을 표현하여, 꿰어져 있는 옥돌 (패옥佩玉)을 의미하는데, 王(임금 왕)과 구분하기 위해 점을 더했다.

기초 한자 - 1,800자 중 10자

王 **왕** 임금, 으뜸, 크다   玉 **옥** 구슬, 아름답다   珍 **진** 보배, 귀하다   班 **반** 나누다   珠 **주** 구슬   現 **현** 나타나다, 지금   球 **구** 옥, 둥글다   理 **리** 다스리다, 도리   琴 **금** 거문고   環 **환** 고리, 두르다

(3) 瓜 오이 과

象形字. 바깥부분은 오이의 덩굴을 의미하고, 안쪽부분은 오이의 열매를 본뜬 글자이다. 일년생인 넝쿨식물의 열매를 통칭해서 瓜(오이 과)로 표현하고, 나무에 열리는 열매는 果(과실 과)로 표현한다. 주의할 것은 6획이 아니라 5획이라는 점이다.

(4) 瓦 기와 와

象形字. 집을 이은 기와가 서로 나란하게 연결되어 있는 모양을 본뜬 글자이다. 진흙으로 빚어 불에 구워낸 질그릇이나 기와를 의미하기에 도자기나 토기土器 등과 관련된 의미로 쓰인다.

기초 한자 - 1,800자 중 1자

瓦 **와** 기와, 질그릇 : 瓦解(와해)

(5) 甘 달 감

指事字. 입 안(口)의 혀끝(一)으로 단맛을 가려냄을 가리키며, '맛있다, 달다, 맛이 좋다' 등을 의미한다.

기초 한자 - 1,800자 중 2자

甘 **감** 달다, 맛이 좋다 : 甘言利說(감언이설) 甚 **심** 심하다, 매우 : 甚至於(심지어)

(6) 生 날 생

象形字. 싹(屮 : 싹 철)이 땅(一)을 뚫고 돋아나는 모양을 본뜬 글자이며, '나다, 살다, 자라다, 만들다, 출산, 생명' 등의 의미로 쓰인다.

기초 한자 – 1,800자 중 2자

生 생 낳다, 살다 : **生存競爭**(생존경쟁)　産 산 낳다, 만들다, 생산 : **産出**(산생)

---

(7) 用 쓸 용

會意 · 象形字. '점을 친다'는 의미의 卜과 '맞다'는 의미의 中을 합한 글자이다. 점을 쳐서 맞으면 반드시 시행한다는 의미에서 '쓰다, 사용하다'는 의미로 쓰인다.

기초 한자 – 1,800자 중 1자

用 용 쓰다, 사용하다, …로써 : **使用**(사용), **利用厚生**(이용후생)

(8) 田 밭 전

象形字. 바깥쪽의 '口'는 경계선을 의미하고, 안쪽의 '十'은 사방으로 통하는 길이 합쳐진 글자이다. 농사짓는 밭을 의미하거나 그물이나 망의 모양으로 수렵지狩獵地를 의미해 '사냥하다'는 뜻으로 쓰인다. 보통 논농사가 농사의 중심이기에 물이 있는 밭이라는 의미(水+田)로 '畓(논 답)'을 별도로 만들어 사용한다.

기초 한자 - 1,800자 중 17자

田 **전** 밭, 사냥하다 甲 **갑** 갑옷, 껍질, 첫째간지 申 **신** 납, 원숭이, 펴다 由 **유** 말미암다, 까닭 男 **남** 사내, 아들 界 **계** 지경, 경계 畏 **외** 두려워하다 畓 **답** 논 留 **류** 머무르다, 묵다 畜 **축** 가축, 기르다, 쌓다 畢 **필** 마치다 異 **이** 다르다, 괴이하다 略 **략** 줄이다, 다스리다, 노략질 畵 **화** 그림, 획 긋다, 꾀하다 番 **번** 번, 차례 當 **당** 마땅하다, 당하다 畿 **기** 경기, 기내

(9) 疋 발 소, 필 필

象形字. 무릎 아래의 다리를 본뜬 글자이며, 위 부분은 장딴

지와 무릎 부분이고, 아래는 발바닥 모양을 형상화한 것이다. 글자 본래의 의미는 足(발 족)으로 발이나 걷는다 등의 의미로 쓰인다.

기초 한자 – 1,800자 중 2자

疏 소 성기다, 뚫리다, 상소   疑 의 의심하다

---

(10) 疒 병들어 기댈 녁, 병질 안

象形·會意字. 병을 앓고 있는 사람이 팔을 늘어뜨리고 어떤 물건에 몸을 기대고 있는 모양을 본뜬 글자이다. '병들어 기댄다, 병이 걸려 앓고 있다, 병이나 상처 등으로 인한 상태나 감각' 등을 의미하는 데 쓰인다.

기초 한자 – 1,800자 중 6자

疫 역 돌림병, 염병   疲 피 피곤하다, 고단하다   疾 질 병, 괴롭다, 빠르다
病 병 병   症 증 병의 증세   痛 통 아프다, 몹시, 슬프다

(11) 癶 걷을 발, 등질 발, 필발머리

象形字. 사람이 두 다리를 뻗친 모양을 본뜬 글자이다. 왼발과 오른발이 서로 반대 방향으로 놓여 있기에 '등지다'는 뜻으로 보며, 발의 동작이나 상태 등과 관련된 의미로 쓰인다.

기초 한자 – 1,800자 중 3자

癸 **계** 열째 천간, 북방   登 **등** 오르다, 나가다   發 **발** 피다, 쏘다, 드러나다

---

(12) 白 흰 백

象形 · 會意字 · 指事字. 해(日)가 아침에 떠오르면서 빛이(丿) 힘을 형상화하거나, 촛불의 심지가 타는 모양을 본뜬 글자이다. 빛이 밝다는 의미로 출발해 '희다'는 의미로 확장되었다.

기초 한자 – 1,800자 중 5자

白 **백** 희다, 밝다   百 **백** 일백, 온   的 **적** 과녁, 접미사   皇 **황** 임금, 크다   皆 **개** 다

(13) 皮 가죽 피

象形字. 손(又)으로 짐승의 가죽(皮)을 벗기는 모양을 본뜬 글자이며, 털 있는 날가죽을 뜻한다. 일반적으로 가죽의 의미를 지닌 '革(가죽 혁)'은 이미 벗겨낸 후의 가공된 상태의 것을 말하며, '皮(가죽 피)'는 벗겨내기 전의 가죽 상태를 의미하기에 피부나 그 상태 등의 의미로 쓰인다.

기초 한자 – 1,800자 중 1자

皮 **피** 가죽, 껍질 : 皮革(피혁), 皮骨相接(피골상접)

---

(14) 皿 그릇 명

象形字. 물건을 담는 그릇 모양을 본뜬 글자이다. 위는 음식을 담는 부분이고, 가운데는 그릇의 몸, 아래는 그릇의 바닥을 나타내며, 그릇이나 쟁반 등의 의미로 쓰인다. 血(피 혈)은 그릇에 담긴 제사에 쓰는 희생물의 피를 의미하는 혈액의 뜻으로 사용된다.

기초 한자 – 1,800자 중 7자

益 익 더하다, 이롭다, 이익   盛 성 성하다, 많다   盜 도 도둑, 훔치다   盟
맹 맹세하다, 맹세   盡 진 다하다   監 감 보다, 감옥, 거울로 삼다   盤 반
쟁반, 바탕

---

(15) 目 눈 목, 누운 눈 목

象形字. 사람의 눈의 모양을 본뜬 글자이며, 본래 가로로 표
현하다가 후대에 와서 세로로 사용되었다. 눈과 관련된 동작이
나 상태, 보는 것 등의 의미로 쓰인다. 見(볼 견)은 보는 행위
자체를 의미하며, 目이 간혹 가로로 사용되는 경우가 있다.

기초 한자 – 1,800자 중 14자

目 목 눈, 조목, 요점   直 직 곧다, 바르다   盲 맹 장님, 무지하다, 어둡다
相 상 서로, 보다, 돕다, 모습   省 성 살피다, 보다, 생 덜다, 생략하다   眉
미 눈썹   看 간 보다, 지키다   眠 면 자다, 쉬다   眞 진 참, 진실로   眼 안
눈, 고동   睡 수 졸다, 자다   睦 목 화목하다, 친하다   督 독 감독하다, 거느
리다, 재촉하다   瞬 순 눈깜짝이다

(16) 矛 창 모

象形字. 고대 전차에 꽂아 세워놓은 장식이 달린 자루가 긴 모양의 창을 본뜬 글자이다. 일반적으로 '矛'는 찌르는 용도로 만든 창이고, '戈(창 과)'는 치거나 낚아채는 용도로 만든 창을 의미한다.

기초 한자 - 1,800자 중 해당한자 없음.

(17) 矢 화살 시

象形字. 화살의 모양을 본뜬 글자이며, 위쪽은 화살의 촉, 중간은 화살의 대, 아래는 화살의 날개의 모양을 구체적으로 형상화한 글자이다.

기초 한자 - 1,800자 중 5자

矢 **시** 살, 맹세하다 矣 **의** 어조사 知 **지** 알다, 깨닫다 短 **단** 짧다, 모자라다, 허물 矯 **교** 바로잡다, 속이다, 굳세다

(18) 石 돌 석

象形字. 바깥쪽(厂)은 언덕의 모양이고, 안쪽(口)은 돌의 모양을 본뜬 것으로, 언덕 아래에 굴러 떨어진 돌덩이라는 의미에서 돌을 나타내며, 돌의 종류나 상태, 돌로 만든 물건 등을 의미한다.

기초 한자 - 1,800자 중 9자

石 석 돌 硏 연 갈다, 연구하다, 벼루 破 파 깨뜨리다, 다하다, 가르다 硬 경 단단하다, 강하다 碑 비 비석 碧 벽 푸르다, 옥 確 확 확실하다, 단단하다 磨 마 갈다, 닳다, 맷돌 礎 초 주춧돌

(19) 示, 礻 보일 시

指事字. 제물을 차려놓은 제단의 모양을 본떠, 그 제물을 신에게 보여줌을 나타내는 글자이다. 또한 二와 小의 결합자로, 고문古文에서 二는 上을 의미하고, 小는 해(日)와 달(月)과 별(星)의 의미로 파악하여 하늘에서 일日·월月·성星이 온갖 현상을 일으켜 사람들에게 길흉화복吉凶禍福의 징조를 보인다는 의미를 도출한 글자로도 본다.

기초 한자 - 1,800자 중 17자

示 **시** 보이다, 지시하다　社 **사** 땅 귀신, 단체, 제사지내다　祀 **사** 제사지내다　祈 **기** 빌다, 고하다　秘 **비** 숨기다, 비밀, 신비하다　祖 **조** 선조, 근본　祝 **축** 빌다, 축문, 끊다　神 **신** 귀신, 신령, 영묘하다　祥 **상** 상서롭다, 조짐　票 **표** 쪽지　祭 **제** 제사　祿 **록** 복, 녹　禁 **금** 금하다, 감옥　禍 **화** 재화, 재앙　福 **복** 복, 상서롭다　禪 **선** 선위하다, 선　禮 **례** 예, 절, 예물

---

(20) 内 짐승발자국 유

象形字. 구부러져(冂) 둥그렇게(厶) 땅에 남은 짐승의 발자국을 형상화한 글자로, 발자국을 의미한다.

기초 한자 - 1,800자 중 1자

禽 **금** 날짐승, 사로잡다 : 禽獸(금수), 家禽(가금)

---

(21) 禾 벼 화

象形字. 볏대(木)에서 이삭이 패어 드리워진(丿) 모양을 더해 곡식인 벼를 표현한 글자로, '곡물'이나 '수확하다'는 의미로

쓰인다.

기초 한자 - 1,800자 중 19자

禾 **화** 벼, 곡식 秀 **수** 빼어나다, 이삭 私 **사** 사사롭다 秋 **추** 가을, 때,
세월 科 **과** 품등, 조목, 법, 과거 秒 **초** 초(시간단위) 租 **조** 구실, 조세,
빌다 秩 **질** 차례, 녹, 벼슬 移 **이** 옮기다, 변하다, 모내다 稀 **희** 드물다
稅 **세** 구실, 세납, 놓다 程 **정** 법, 한도 種 **종** 씨, 종족, 종류, 심다 稱
칭 일컫다, 칭찬하다 稻 **도** 벼 稿 **고** 볏짚, 원고 穀 **곡** 곡식, 좋다 積
적 쌓다, 저축하다 穫 **확** 베다

(22) 穴 구명 혈

會意字. 집을 의미하는 윗부분의 宀과 좌우로 파헤쳐 들어가
는 아랫부분의 八이 결합한 글자이다. 땅에 구멍을 파서 그 속
에서 사는 혈거穴居 형태의 집을 의미한다. 일반적으로 구멍이
나 굴의 의미로 사용되며, 구멍과 관련된 상태나 모양, 심오하
다 등의 의미로 활용된다.

기초 한자 - 1,800자 중 7자

穴 혈 구멍, 굴, 움 究 구 궁구하다, 연구하다, 다하다 空 공 비다, 하늘, 헛되다 突 돌 부딪치다, 갑자기, 우뚝하다 窓 창 창 窮 궁 다하다, 마치다, 궁구하다 竊 절 훔치다

---

(23) 立 설 립

會意字. 사람을 의미하는 大와 땅을 의미하는 ㅡ을 합한 글자이며, 사람이 땅 위에 서 있는 모양으로 '서다, 자리하다, 머무르다, 기다리다' 등 상태나 동작 등을 의미한다.

기초 한자 - 1,800자 중 7자

立 립 서다, 세우다 竝 병 나란히 하다 竟 경 끝나다, 마침내 章 장 문채, 밝다, 인장 童 동 아이, 민둥민둥하다, 어리석다 端 단 바르다, 실마리, 근본, 단오 競 경 다투다, 겨루다

6획

(1) 竹 대 죽, 대죽머리

象形字. 두 개의 나뭇가지에 잎사귀가 아래로 늘어져 있는 모양을 본뜬 글자이다. 고대 종이가 없던 시절에 글을 쓰던 죽간竹簡으로 인해, 竹자가 글자의 머리에 들어간 많은 수의 글자가 문서와 관련된다.

기초 한자 – 1,800자 중 19자

竹 **죽** 대, 피리 笑 **소** 웃다 符 **부** 부신 第 **제** 차례 筆 **필** 붓 等 **등** 무리 答 **답** 대답하다 策 **책** 꾀 箇 **개** 낱 算 **산** 셈하다 管 **관** 관, 맡다 節 **절** 마디, 예절, 절개, 절기 範 **범** 법, 본보기, 한계 篇 **편** 책, 편 築 **축** 다지다, 쌓다, 짓다 篤 **독** 도탑다 簡 **간** 편지, 문서, 죽간, 간략하다 簿 **부** 장부 籍 **적** 문서, 올리다

(2) 米 쌀 미

象形字. 이삭의 가지에 붙어 있는 곡식의 낟알을 본뜬 글자라는 의견과 가운데 十의 의미를 흩어진다는 의미로 보아, 그릇 안에 흩어져 있는 쌀알의 모양을 본뜬 글자라는 의견이 있으나, 일반적으로 米는 도정搗精(껍질을 벗김)을 한 쌀이나 보

리, 수수 등을 의미하고 禾(벼 화)와 稻(쌀 도)는 벼 자체를 의미한다.

기초 한자 – 1,800자 중 10자

米 미 쌀 粉 분 가루 粧 장 단장하다 粟 속 조 精 정 찧다 糖 당 엿
糧 량 양식

---

(3) 糸 실 사

象形字. 고치에서 뽑은 실 가닥을 모아 한 묶음의 실타래를 본뜬 글자이다. 가는 실을 의미하며, 본래 단독으로 사용되다가 현재와 같이 두 개를 합쳐 '絲(실 사)'로 사용되고 있다.

기초 한자 – 1,800자 중 48자

系 계 잇다 糾 규 모으다 紀 기 실마리 約 약 대략 紅 홍 붉다 納
납 바치다 純 순 순수하다 紙 지 종이 級 급 등급 紛 분 어지럽다 素
소 희다 索 삭 노 細 세 가늘다 終 종 마치다 絃 현 줄 組 조 짜다
紫 자 자주빛 累 루 동여매다 絲 사 실 結 결 맺다 絶 절 끊다 絡 락
잇다 給 급 넉넉하다 統 통 거느리다 絹 견 명주 經 경 날줄 綠 록

초록빛 維 유 바 綱 강 벼리 綿 면 솜 緊 긴 급하다 緖 서 실마리
線 선 줄 緣 연 인연 編 편 엮다 緩 완 느리다 緯 위 씨줄 練 련 익
히다 縣 현 매달다 縮 축 오그라들다 縱 종 세로 總 총 거느리다 績
적 짜다 繁 번 성하다 織 직 짜다 繫 계 매다 繼 계 잇다 續 속 잇다

(4) 缶 장군 부

象形字. 배가 불룩하고 주둥이가 좁은 물과 같은 액체를 담
는 질그릇의 장군 모양을 본뜬 글자이다. 윗부분은 뚜껑을 표
시하고, 아랫부분은 담는 통을 의미한다. 질그릇으로 만든 항
아리나 단지 등의 의미로 활용된다.

기초 한자 - 1,800자 중 1자

缺 결 이지러지다, 모자라다, 비다 : 缺點(결점), 缺席(결석), 缺食(결식)

(5) 网, 罔, 罒, 罒 그물 망

象形字. 물고기나 들에서 새를 잡을 때 쓰는 그물을 쳐놓은
모양을 본뜬 글자로 안쪽은 그물눈을 표현하고, 바깥쪽은 벼리

줄을 표현해 그물을 의미한다. 罔(그물 망)과 동일한 글자이고 현재에는 별도로 분리되어 糸(실사변)에 쓰인 網(그물 망)이 그물의 의미로 사용된다.

기초 한자 - 1,800자 중 7자

罔 **망** 없다 罪 **죄** 허물 置 **치** 두다 罰 **벌** 벌주다 署 **서** 마을 罷 **파** 파하다 羅 **라** 늘이서다, 그물, 비단

---

(6) 羊 양 양

象形字. 두 뿔이 있는 양의 머리 모양과 네 발 및 꼬리를 형상화한 글자이다. 양의 종류를 나타내거나 순하고 착한 양의 성질로 인해 그러한 특성이나 상태 등을 의미하는 경우로 쓰인다.

기초 한자 - 1,800자 중 5자

羊 **양** 양 着 **착** 붙다 義 **의** 옳다 群 **군** 무리, 떼, 많다

(7) 羽 깃 우

　　象形字. 새의 두 날개나 긴 깃털의 모양을 본뜬 글자로, 새의
깃털이나 날개로 나는 것, 깃으로 만든 물건 등을 의미한다.

　　기초 한자 – 1,800자 중 4자

羽 **우** 깃　翁 **옹** 늙은이　習 **습** 익히다　翼 **익** 날개, 돕다

---

(8) 老 늙을 노

　　象形 · 會意字. 머리가 부옇게 일어서고 등이 구부정한
(匕) 늙은 사람(毛+人)이 지팡이를 집고 있는 모양을 본뜬 글
자이다.

　　기초 한자 – 1,800자 중 3자

老 **로** 늙다　考 **고** 상고하다　者 **자** 놈, 사람

---

(9) 而 말이을 이

　　象形 · 假借字. 사람의 윗수염을 본뜬 글자로, 수염 사이에

있는 입에서 말이 나온다 하여 말을 잇는다는 의미로 쓰인다. 또한 수염이 아래로 길게 나 있는 모양으로부터 구레나룻이나 턱수염, 콧수염의 의미를 지녔는데, 후대에 글 속에서 접속의 의미로 가차假借되어 사용된다.

기초 한자 - 1,800자 중 2자

而 **이** 말을 잇다, 너, 뿐　耐 **내** 견디다, 참다

---

(10) 耒 따비 뢰, 쟁기 뢰

會意字. 사람이 손으로 농기구인 쟁기를 잡고 농사짓는 모습에서 의미를 도출해낸 글자로 보는 견해와 아랫부분의 나무로 만든 연장(木)의 의미와 윗부분의 풀이 어수선하게 우거진 모양을 합쳐, 우거진 풀을 나무 연장으로 '갈아엎다'는 의미로 쟁기를 뜻하는 글자로 보기도 한다.

기초 한자 - 1,800자 중 1자

耕 **경** 갈다 : 耕耘機(경운기)

(11) 耳 귀 이

象形·假借字. 사람의 한쪽 귀 모양을 본뜬 글자로 귀의 의미로 사용되며, 의미가 가차되어 말의 기운을 표현하는 종결사의 의미로 '~뿐이다'로 쓰인다. 귀와 관련하여 귀의 작용이나 상태 등의 의미로 활용되거나, 잘 알아듣고 판단한다는 의미에서 '헤아리다, 알다' 등으로 새용된다.

기초 한자 – 1,800자 중 10자

耳 **이** 귀 耶 **야** 그런가 聖 **성** 성인 聘 **빙** 부르다 聞 **문** 듣다 聯 **련** 연합하다 聰 **총** 밝다 聲 **성** 소리 職 **직** 벼슬 聽 **청** 듣다, 기다리다, 염탐하다

---

(12) 聿 붓 율, 오직 율

象形字. 손으로 붓과 같은 필기구를 잡고 글의 획(一)을 긋는 모양을 본뜬 글자이다. 붓을 의미했지만 후에 역시 죽간竹簡의 개념과 결합되고, 진나라 때부터 대나무 대롱으로 글을 쓰는 도구를 사용하면서 竹(대나무 죽)을 붙여 필筆로 사용되었다.

肅 **숙** 엄숙하다, 공경하다, 삼가다 : **嚴肅**(엄숙), **肅然**(숙연)

---

(13) 肉, 月 고기 육, 육달월

象形字. 칼로 정연하게 잘라놓은 고기 덩어리의 모양을 본뜬 글자이다. 안쪽의 갈라진 선들은 고깃덩이의 힘줄을 의미하며, 사람이나 동물의 각 부위를 나타내는 명칭이나 상태 등을 의미한다. 특히 글자의 변(왼쪽 부분)에 사용될 때, 변형이 일어나 月(달 월)과 구별해서 '육달월' 이라고 부른다.

肉 **육** 고기 肝 **간** 간 肖 **초** 닮다 肥 **비** 살찌다 肺 **폐** 허파 肩 **견** 어깨 肯 **긍** 즐기어 하다 育 **육** 기르다 胞 **포** 태의 胡 **호** 오랑캐 胃 **위** 밥통 背 **배** 등 胸 **흉** 가슴 脈 **맥** 맥 能 **능** 능하다 脅 **협** 으르다 脚 **각** 다리 脫 **탈** 벗다 脣 **순** 입술 腐 **부** 썩다 腦 **뇌** 머리골 腰 **요** 허리 腸 **장** 창자 腹 **복** 배 臟 **장** 오장

(14) 臣 신하 신

指事字. 사람이 머리를 숙이고 있을 때의 눈 모양을 본뜬 글자이다. 세워져 있는 눈의 모양을 의미하는데, 항상 고개 숙이고 복종하는 종이나 신하의 뜻을 지닌다. 주의할 것은 본래 총 7획이지만, 6획 부수로 설정된 글자라는 점이다.

기초 한자 – 1,800자 중 3자

臣 신 신하, 백성, 자신 臥 와 눕다, 쉬다 臨 림 임하다, 보다, 쓰다

---

(15) 自 스스로 자

象形字. 본래 사람의 코 모양을 본떠 만든 글자로, 코의 의미로 사용되다, 후에 자신을 지칭하는 표현으로 '자신, 스스로' 라는 의미로 변화된 글자이다. 신체 부위 코는 아랫부분에 글자를 추가해 별도로 鼻(코 비)를 만들었다.

기초 한자 – 1,800자 중 2자

自 자 스스로, 몸, 저절로, …부터 臭 취 냄새, 썩다, 더럽다: 惡臭(악취)

(16) 至 이를 지

會意·指事字. 새가 날아 내려오는 모양에다가 땅에 닿았다는 뜻인 一를 합쳐 새가 날아 땅에 내려왔다는 의미에서 '이르다, 미치다' 등을 뜻한다.

기초 한자 - 1,800자 중 3자

至 **지** 이르다 致 **치** 이르다 臺 **대** 대, 마을, 하인, 어른

---

(17) 臼 절구 구, 확 구

象形字. 곡물 등을 찧을 때 사용하는 절구의 모양을 본뜬 글자이다. 절구의 뜻으로 사용되며, 글자 안쪽의 선들은 절구 안의 곡물 낟알 모양을 의미한다.

기초 한자 - 1,800자 중 4자

與 **여** 더불다 興 **흥** 일어나다 擧 **거** 들다 舊 **구** 예, 오래다, 친구

(18) 舌 혀 설

象形字. 아래쪽 부분(口)은 입을 표현하고 윗부분은 갈라진 뱀의 혀 모양을 나타낸다.

기초 한자 – 1,800자 중 2자

舌 설 혀, 말 : 舌戰(설전)　舍 사 집, 놓다, 베풀다 : 官舍(관사)

---

(19) 舛 어그러질 천

會意字. 오른발(夕)과 왼발이 각각 다른 방향으로 어그러져 있음을 표현한 것으로, 반대한다는 의미에서 '어긋나다, 배반하다' 등의 뜻으로 쓰인다.

기초 한자 – 1,800자 중 1자

舞 무 춤추다 : 歌舞(가무), 按舞(안무)

---

(20) 舟 배 주

象形字. 통나무를 파내 만든 조그마한 나룻배의 모양을 본뜬

글자이다. 漢字가 더 이상 만들어지지 않는 지금, 물위를 자유
롭게 다니는 배와 같이 하늘을 자유롭게 다닐 수 있는 비행기
의 개념으로 사용한다.

기초 한자 – 1,800자 중 4자

舟 **주** 배 航 **항** 건너다, 배, 날다 般 **반** 옮기다, 일반 船 **선** 배

---

(21) 艮 그칠 간, 머무를 간

會意字. 사람의 눈(目)을 굴리고 상체를 돌리는(匕) 데에도 한
계가 있음을 뜻하는 글자로, '그치다, 나아가기 어렵다, 따르지
않다'의 뜻으로 쓰였다.

기초 한자 – 1,800자 중 1자

良 **량** 어질다, 좋다, 잠깐, 진실로 : 善良(선량), 優良(우량), 良心(양심)

---

(22) 色 빛 색

會意字. 아랫부분의 巴는 사람이 무릎을 꿇고 앉아 있는 모

양의 자세한 표현이고, 윗부분도 역시 사람의 모양(人)으로, 사람 위에 사람이 있는 모양에서 남녀 사이의 애정愛情이란 뜻을 지니며, 후에 '색깔, 얼굴색'의 의미가 확대되었다.

기초 한자 - 1,800자 중 1자

色 색 빛, 낯, 색 : 巧言令色(교언영색), 色卽是空(색즉시공)

---

(23) 艸, 艹, ⺿ 풀 초, 초두

會意字. 풀들이 여기저기에 돋아나 있는 모양을 본뜬 글자이다. 풀의 의미를 지닌 草(풀 초)의 본래 자이며, 3획 부수의 屮(싹 철)이 두 개 결합해서 풀이 왕성하게 나온다는 의미로 확대된 글자이다.

기초 한자 - 1,800자 중 40자

花 화 꽃　芳 방 꽃답다　芽 아 싹　苗 묘 모　苟 구 진실로　若 약 같다　苦 고 괴롭다　英 영 꽃　茂 무 우거지다　茫 망 아득하다　茶 다 차　草 초 풀　荒 황 거칠다　荷 하 연　莊 장 엄하다　莫 막 없다　菊 국 국화　菌 균 버섯　菜 채 나물　華 화 빛나다　萬 만 일만　落 락 떨어지다

葉 엽 잎 著 저 나타나다, 착 붙다 葬 장 장사지내다 蒙 몽 어리다 蒸 증 찌다 蒼 창 푸르다 蓄 축 쌓다 蓋 개 덮다 蓮 련 연 蔬 소 나물 蔽 폐 가리다 薄 박 얇다 薦 천 천거하다 藏 장 감추다 藝 예 재주 藥 약 약 蘇 소 회생하다 蘭 란 난초

---

(24) 虎 범의 문채 호, 범 호

象形字. 얼룩덜룩한 호랑이의 얼굴과 가죽 무늬(虎皮)를 본뜬 글자로, 본래 글자인 虎(범 호)의 儿(어진 사람 인)은 호랑이의 두 다리를 의미한다.

기초 한자 – 1,800자 중 4자

虎 호 범 : 虎視耽耽(호시탐탐) 處 처 곳 虛 허 비다 號 호 부르짖다

---

(25) 虫 벌레 충

象形字. 뱀이 사리고 있는 모양을 본뜬 글자로, 벌레를 의미하는 蟲(벌레 충)과 동일한 글자이다.

기초 한자 – 1,800자 중 6자

蛇 **사** 뱀   蜂 **봉** 벌 : 蜜蜂(밀봉)   蜜 **밀** 꿀   蝶 **접** 나비   螢 **형** 반딧불이

蟲 **충** 벌레

---

(26) 血 피 혈

指事字. 고대 제사에 사용하던 제물祭物 가운데 희생물犧牲物로 사용하던 소나 양 등의 피를 그릇에 담아놓은 모양을 표현한 글자이다. 그릇(皿) 위에 핏방울의 형상(丶)을 더해 희생의 피를 의미한다. 널리 피의 의미로 사용되었다.

기초 한자 – 1,800자 중 2자

血 **혈** 피   衆 **중** 무리, 많다 : 衆寡不敵(중과부적)

---

(27) 行 다닐 행

象形字. 사람들이 걸어다니는(彳 · 亍) 사방으로 갈라진 네 거리의 모양을 본뜬 글자로, 그 길을 '오고가다' 는 의미로 쓰인다.

기초 한자 – 1,800자 중 6자

行 **행** 다니다, **항** 항렬   術 **술** 길   街 **가** 거리   衝 **충** 찌르다   衛 **위** 막다   衡 **형** 저울대

---

(28) 衣, 衤 옷 의

象形字. 사람들(从)이 몸을 감싸 덮는(亠) 옷을 뜻하는 자로, 구체적으로 윗옷(上衣)의 모양을 본뜬 글자이다. 옷깃과 소매를 그대로 표현하고 있어 아래옷(下衣)의 의미인 裳(치마 상)과 대칭되는 글자이다.

기초 한자 – 1,800자 중 14자

衣 **의** 옷   表 **표** 겉   衰 **쇠** 쇠하다   被 **피** 이불   裁 **재** 마름질하다   裂 **렬** 찢다   裕 **유** 넉넉하다   補 **보** 기우다   裏 **리** 속   裝 **장** 꾸미다   裳 **상** 치마   製 **제** 짓다   複 **복** 겹치다   襲 **습** 엄습하다, 물려받다

---

(29) 襾 덮을 아

象形字. 천이나 보자기 등으로 물건을 덮어놓은 모양을 본뜬

글자이며, 위와 아래에서 덮고 가리는 모양에서 '덮는다' 는 뜻
으로 쓰인다.

기초 한자 – 1,800자 중 3자

西 **서** 서녘　要 **요** 구하다　覆 **복** 뒤집다, 부 덮다

7획

(1) 見 볼 견

會意字. 눈을 의미하는 目(눈 목)과 사람이 무릎을 꿇고 앉아
있는 모습(儿)을 결합해 눈으로 본다는 의미를 나타낸 글자이
며, 보는 행위와 관련된 의미로 쓰인다.

기초 한자 – 1,800자 중 7자

見 **견** 보다, 견해, **현** 뵙다, 나타나다　規 **규** 법, 꾀　視 **시** 보다, 견주다
親 **친** 친하다, 어버이, 친척　覺 **각** 깨닫다, 곧다　覽 **람** 보다　觀 **관** 보다,
생각, 보이다

(2) 角 뿔 각

象形字. 뿔이 표시한 뾰족한 짐승의 뿔 모양을 본뜬 글자로, 뿔의 의미로 사용되어 지다가 후에 뾰족하다는 의미에서 돌출突出되고 모난 것인 모서리의 뜻이 파생되었고, 뿔을 잡는다는 의미에서 '견주다, 싸우다' 는 의미로 사용되었다.

기초 한자 - 1,800자 중 3자

角 **각** 뿔, 견수다, 각도　解 **해** 풀다, 가르다, 흩어지다　觸 **촉** 닿다, 범하다

---

(3) 言 말씀 언

形聲字. 본래 전서篆書에 윗부분 辛에서 아래 가로 한 획을 뺀 글자의 발음을 나타내고, 아랫부분 口(입 구)는 생각을 입으로 나타낸다는 뜻을 나타낸 글자로 '말하다' 는 의미이다. 일반적으로 言과 語(말씀 어)의 구별은, 혼자의 말이나 혼자 말한다는 의미는 言이고, 상대와의 대화나 토론 등은 語를 사용한다.

기초 한자 - 1,800자 중 60자

言 **언** 말씀, 말하다　訂 **정** 바로잡다　計 **계** 계산, 꾀　討 **토** 치다, 찾다,

구하다, 다스리다 訓 훈 가르치다, 새김 記 기 적다, 기억하다 訟 송 송
사하다 訪 방 찾다, 묻다 設 설 베풀다, 세우다 許 허 허락하다, 바라다,
나아가다 訴 소 하소연하다, 송사 詐 사 속이다 評 평 품평 詞 사 말,
고하다, 문체 詠 영 읊다, 노래하다 試 시 시험하다, 쓰다, 비교하다 詩
시 시 話 화 이야기 該 해 갖추다 詳 상 자세하다 誇 과 자랑하다, 뽐
내다 誌 지 적다, 문체 이름 認 인 알다, 허가하다 誘 유 꾀다, 가르치다
語 어 말하다, 알리다 誠 성 정성, 참 誤 오 그릇되다, 잘못하다 誦 송
외다, 읽다 說 설 말씀, 세 달래다, 열 기뻐하다 誓 서 맹세하다 誕 탄
태어나다 誰 수 누구 課 과 시험하다, 차례 調 조 고르다, 맞다 談 담
이야기 請 청 청하다, 묻다 諒 량 믿다, 살펴 알다 論 론 말하다, 논하다
諸 제 모든 諾 낙 대답하다, 승낙하다 謀 모 꾀하다 謁 알 뵙다, 아뢰다
謂 위 이르다 謙 겸 겸손하다, 사양하다 講 강 풀이하다 謝 사 사례하
다, 사양하다 謠 요 노래 謹 근 삼가다, 금하다 證 증 증거, 증명하다
識 식 알다, 식견, 지 적다 譜 보 적다, 악보 譯 역 통변하다, 번역하다
議 의 의논하다 警 경 경계하다 護 호 돕다, 지키다 譽 예 명예, 기리다
讀 독 읽다, 두 구두 變 변 변하다, 고치다, 재앙 讓 양 겸손하다 讚 찬
기리다, 돕다, 문체 이름

(4) 谷 골 곡

會意字. 윗부분의 네 개 빗금은 샘물이 솟아나오는 것을 의미하며, 아래의 口(입 구)는 샘물이 나오는 구멍을 의미한다. 둘이 결합하여 샘물이 솟아나와 산 사이를 지나 강과 바다로 흘러가는 골짜기를 의미한다.

기초 한자 – 1,800자 중 1자

谷 곡 골 : 深山幽谷(심산유곡)

---

(5) 豆 콩 두, 제기 두

象形字. 위의 一은 뚜껑을 표시하며, 아래 口는 담는 부분, 아래의 ㅛ는 받침을 표현한 것이다. 후에 콩의 의미로 가차되어 사용되었으며, 콩류나 콩으로 만든 음식 또는 제기祭器의 의미로 사용되었다.

기초 한자 – 1,800자 중 3자

豆 두 콩, 제기   豈 기 어찌   豐 풍 성하다, 풍년, 잔치, 넉넉하다

233

(6) 豕 돼지 시, 돝 시

象形字. 돼지의 주둥이와 몸통, 다리, 꼬리 등의 모양을 본뜬 글자이다. 돼지의 의미로 사용되는데, 중국 민족의 식생활에 돼지의 비중이 높기에 이 부수를 가진 글자가 많다.

기초 한자 - 1,800자 중 4자

豚 돈 돼지   象 상 코끼리, 꼴   豪 호 뛰어나다, 호협하다   豫 예 미리, 기뻐하다

---

(7) 豸 해태 치, 사나운 짐승 치

象形字. 짐승이 먹이를 잡기 위해 몸을 웅크리고 있는 모양을 본뜬 글자로, 사냥을 하는 맹수들을 의미한다. 후에 신령스러운 동물인 해태나 발이 없는 지렁이 같은 벌레를 가리키기도 한다.

기초 한자 - 1,800자 중 1자

貌 모 모양 : 容貌(용모), 模樣(모양)

(8) 貝 조개 패, 자개 패

象形字. 조개가 껍질을 벌리고 있는 모양을 본뜬 글자로, 고대에는 조개를 화폐로 사용하였기에 재물이나 재화의 유통·소유 등의 의미로 쓰인다.

기초 한자 – 1,800자 중 32자

貝 **패** 조개, 돈 貞 **정** 돋다 負 **부** 지다, 빚지다, 패하다 財 **재** 재물 貢 **공** 바치다, 천거하다 販 **판** 팔다, 장사 貧 **빈** 가난하다, 모자라다 貨 **화** 재화, 화폐, 물건 貪 **탐** 탐하다 貫 **관** 꿰뚫다 責 **책** 꾸짖다, 책임 貯 **저** 쌓다, 두다 貴 **귀** 귀하다 買 **매** 사다 貸 **대** 빌리다 費 **비** 쓰다 貿 **무** 장사하다, 사다 賀 **하** 하례하다 賊 **적** 도둑, 해치다 賃 **임** 품팔다, 빌다 資 **자** 재물, 바탕 賓 **빈** 손님, 인도하다 賜 **사** 주다 賤 **천** 천하다 賦 **부** 구실, 주다, 문체 이름 賞 **상** 상을 주다 賢 **현** 어질다 賣 **매** 팔다 質 **질** 모양, 바탕 賴 **뢰** 의뢰하다 贈 **증** 주다 贊 **찬** 돕다, 기리다

(9) 赤 붉을 적

會意字. 윗부분에 사람의 의미인 大와 아래에 불의 의미인 火가 결합하여 사람이 불을 쬔다는 의미에서 '붉다' 는 의미를

도출해낸 글자이다.

기초 한자 - 1,800자 중 1자

赤 **적** 붉다, 비다, 벌거벗다 : 赤裸裸(적나나), 赤子(적자), 赤色(적색)

---

(10) 走 달릴 주, 달아날 주

象形字. 사람이 팔을 흔들면서(大) 달려가는 모습(止)을 본뜬 글자이며, 아랫부분의 止는 달려가는 발을 강조한 것이다

기초 한자 - 1,800자 중 6자

走 **주** 달리다. 달아나다   赴 **부** 다다르다. 알리다   起 **기** 일어나다   超 **초** 뛰어넘다. 뛰어나다   越 **월** 넘다. 멀다. 떨어지다. 월나라   趣 **취** 추창하다

---

(11) 足 발 족

象形字. 발 모양의 止와 위에 정강이뼈를 표시한 口를 함께 본뜬 글자로, 발 부위의 명칭이나 발의 동작 상태 등을 나타내는 의미로 활용된다.

足 **족** 발, 족하다. 주 지나다, 보태다 距 **거** 떨어지다, 막다, 뛰다 跡 **적** 자취 路 **로** 길 跳 **도** 뛰다, 달아나다 踏 **답** 밟다 踐 **천** 밟다, 차려 놓다 躍 **약** 뛰다

---

(12) 身 몸 신

象形字, 본래 배기 볼룩 나온 임신한 여자의 몸을 본뜬 글자 인데, '임신하다'는 의미에서 확대되어 몸이나 자신의 의미로 사용된다.

身 **신** 몸, 애 배다 : **修身齊家治國平天下**(수신제가치국평천하), **身體髮膚**(신체 발부)

---

(13) 車 수레 거, 수레 차

象形字. 수레의 몸체와 두 바퀴 모양을 모두 표현했던 글자 로 위 아래의 ㅡ은 두 바퀴를, 세로의 ㅣ은 양쪽 바퀴를 꿰뚫

는 가로나무 굴대인 축軸을, 가운데의 曰은 수레 상자를 나타 낸다.

기초 한자 - 1,800자 중 14자

車 **거** 수레, 잇몸, 차 수레 軍 **군** 군사, 진치다 軌 **궤** 길 軒 **헌** 처마, 초 헌 軟 **연** 부드럽다, 약하다 較 **교** 견주다, 대강 載 **재** 싣다, 가득하다 輕 **경** 가볍다 輪 **륜** 바퀴, 둘레 輝 **휘** 빛나다, 빛 輩 **배** 무리, 견주다 輸 **수** 보내다, 다하다 輿 **여** 차상, 많다, 가마 轉 **전** 구르다, 옮기다

---

(14) 辛 매울 신

象形字. 고대에 죄수나 노예의 얼굴에 낙인처럼 검은 표시를 할 때 사용하던 바늘의 모양을 본뜬 글자이다. 죄수나 노예의 상징으로 사용되었으며, 후대에 고통스러움의 표현이 확대되 어 '맵다, 쓰다' 등의 뜻으로 사용되었다.

기초 한자 - 1,800자 중 4자

辛 **신** 맵다, 여덟째 천간 辨 **변** 나누다, 분별하다, 판 갖추다, 편 두루 辭 **사** 말, 사양하다 辯 **변** 말 잘하다, 다투다

(15) 辰 별 신, 별 진

象形字. 커다란 대합조개의 껍질을 벌리고 살을 드러낸 모양을 본뜬 글자이다. 조개들이 입을 벌리고 움직이는 이른 봄에 전갈좌별이 나타나기에 별의 뜻을 지니게 되었다.

기초 한자 – 1,800자 중 3자

辰 **진** 다섯째 지지, 별 이름, 신 일월성, 나다   辱 **욕** 욕하다   農 **농** 농사

---

(16) 辶 쉬엄쉬엄 갈 착, 책받침

會意字. 길을 의미하는 위쪽의 彳(亻)과 발을 의미하는 止가 결합되어 길을 간다는 뜻을 의미한다. 止의 의미를 '멈추다'로 보아, 가다가 서고 다시 간다는 의미의 '천천히 간다'는 뜻으로도 쓰인다.

기초 한자 – 1,800자 중 45자

迎 **영** 맞이하다   近 **근** 가깝다, 근친, 가까이하다   返 **반** 돌아오다   迫 **박** 닥치다, 핍박하다   述 **술** 말하다, 짓다   迷 **미** 헤매다   追 **추** 따르다, 쫓다   退 **퇴** 물러나다, 물리치다   送 **송** 보내다   逃 **도** 달아나다   逆 **역** 거스르

다, 맞이하다 透 **투** 환하다 逐 **축** 쫓다 途 **도** 길 通 **통** 통하다, 온통 速 **속** 빠르다 造 **조** 짓다, 처음 逢 **봉** 만나다 連 **련** 잇다 進 **진** 나아가다, 오르다 逸 **일** 잃다, 달리다, 뛰어나다, 숨다 逮 **체** 미치다 遂 **수** 이루다, 드디어 遇 **우** 만나다, 대접하다 遊 **유** 놀다, 여행 運 **운** 돌다, 움직이다, 운 遍 **편** 두루 過 **과** 지나다, 지나치다, 허물, 과거 道 **도** 길, 도, 순하다 達 **달** 통달하다, 이르다, 보내다 違 **위** 어기다, 다르다 逝 **서** 가다 遙 **요** 멀다, 거닐다 遠 **원** 멀다, 심오하다 遣 **견** 보내다 遞 **체** 갈마들다 適 **적** 맞다, 마침, 가다 遷 **천** 옮기다, 천도 遲 **지** 더디다, 기다리다 遵 **준** 좇다 選 **선** 가리다 遺 **유** 남다, 버리다 避 **피** 피하다 還 **환** 돌아오다, 갚다 邊 **변** 가, 변방

---

(17) 邑, 阝 고을 읍, 우부방

會意字. 일정한 경계를 나타내는 囗와 사람이 무릎을 꿇고 앉아 있는 모양의 巴(卪)가 결합되어 사람이 모여 살고 있는 지역인 고을을 의미한다. 阝(좌부방, 阜)과 구별하여 통칭 '우부방' 으로 부른다.

邑 **읍** 고을, 근심하다, 영지   邪 **나** 어찌, 편하다, 많다   邦 **방** 나라   邪 **사** 간사하다, 사기, 야 그런가   郊 **교** 성밖, 들, 시골   郎 **랑** 사내, 낭군, 벼슬이름   郡 **군** 고을   部 **부** 거느리다, 마을, 떼, 분류   郭 **곽** 밭재(외성), 둘레   郵 **우** 우편, 역말   都 **도** 도읍, 도시, 모두   鄕 **향** 시골, 고향

---

(18) 酉 술 유, 닭 유

象形字. 술을 담는 항아리의 모양을 본뜬 글자이며, 후에 가차되어 열째 지지地支를 나타내 보통 닭의 뜻으로 쓰이지만, 실제 의미는 술이 잘 익었다는 데서 '성숙하다, 익숙하다' 등을 의미한다.

酉 **유** 열째 지지, 익다   酌 **작** 따르다, 짐작하다   配 **배** 짝, 귀양보내다   酒 **주** 술   醉 **취** 취하다   醜 **추** 추하다, 부끄러워하다   醫 **의** 의원

(19) 釆 나눌 변, 분별할 변

象形字. 짐승의 발톱이 갈라져 있는 모양을 본뜬 글자이다. 본래 '나누다' 는 의미로 쓰였으나, 그 발자국을 보고 짐승을 알아볼 수 있다는 점에서 '분별하다' 의 의미로도 사용된다.

기초 한자 – 1,800자 중 1자

釋 석 풀다, 용서하다, 일, 쏘다, 석가 : 釋放(석방), 釋迦(석가)

---

(20) 里 마을 리

會意字. 밭을 의미하는 田과 흙을 의미하는 土가 결합되어 농사를 짓는 토지가 있는 마을이나 촌락, 마을 주변인 교외郊外 등을 뜻한다.

기초 한자 – 1,800자 중 4자

里 리 마을 重 중 무겁다, 거듭하다 野 야 들, 질박하다 量 량 양, 헤아리다

8획

(1) 金 쇠 금

形聲字. 발음을 나타내는 윗부분 수과 땅의 의미인 중간의 土, 그리고 아래 두 사선(二)은 흙 속에서 빛나는 모습을 표시한 것으로, 세 개가 결합하여 땅속에서 빛을 발하는 광물을 의미한다.

기초 한자 - 1,800자 중 23자

金 **금** 쇠, 금, 금나라, **김** 성   針 **침** 바늘, 침, 바느질하다   鈍 **둔** 우둔하다   鉛 **연** 납, 분   銀 **은** 은, 은빛, 돈   銅 **동** 구리   銘 **명** 새기다   銃 **총** 총   銳 **예** 날카롭다, 날래다   鋼 **강** 강철   錄 **록** 적다, 나타내다, 취하다   錢 **전** 돈, 가래, 전   錦 **금** 비단   錯 **착** 꾸미다, 숫돌, 섞이다   鍊 **련** 불리다, 연마하다   鎖 **쇄** 쇠사슬, 자물쇠   鎭 **진** 누르다, 진정하다, 진영   鏡 **경** 거울, 살피다   鐘 **종** 쇠북   鐵 **철** 쇠, 병장기, 흑색   鑑 **감** 거울, 거울삼다   鑄 **주** 쇠를 부어만들다   鑛 **광** 쇳돌

---

(2) 長 길 장

象形 · 會意 · 形聲字. 늙은 노인이 지팡이를 짚고 머리를 길게 아래로 늘어뜨리고 있는 모습을 본뜬 글자로 '길다, 오래

다' 는 뜻을 나타낸다.

기초 한자 - 1,800자 중 1자

長 **장** 길다, 맏, 어른, 자라다, 많다 : 長短點(장단점), 成長(성장)

---

(3) 門 문 문, 두짝문 문

象形字. 좌우 두 짝으로 이루어진 문의 닫혀진 모양을 본뜬 글자로, 문의 종류나 문과 관련된 부속물, 문과 관련된 행위나 동작 등을 표현한다.

기초 한자 - 1,800자 중 9자

門 **문** 문, 집, 집안, 지체 閉 **폐** 닫다, 막다, 감추다 開 **개** 열다, 피다, 풀다 閏 **윤** 윤 閑 **한** 한가하다, 마굿간, 막다 間 **간** 사이, 염탐꾼, 이간하다 閣 **각** 다락집, 잔교, 찬장 閱 **열** 살피다 關 **관** 문빗장, 잠그다, 관문, 기관, 관계하다

(4) 阜, 阝 언덕 부, 좌부방

象形字. 돌이 없는 흙 언덕들의 모양을 세로로 표현해 본뜬 글자로, 언덕이라는 의미와 함께 언덕과 관련하여 지형이나 방어, 축조築造 등과 관련된 의미를 나타낸다.

기초 한자 - 1,800자 중 24자

防 **방** 막다, 둑 附 **부** 붙다 降 **항** 항복하다, 강 내리다 限 **한** 한정 院 **원** 집, 담, 절 陣 **진** 진치다 除 **제** 덜다, 나눗셈, 벼슬 주다 陰 **음** 그늘, 음기, 흐리다, 그림자, 어둠 陳 **진** 늘어놓다, 묵다, 말하다 陵 **릉** 언덕, 능, 짓밟다 陶 **도** 질그릇, 기뻐하다, 근심하다 陷 **함** 빠지다, 함정 陸 **륙** 뭍, 뛰다 陽 **양** 양기, 해, 양지, 맑다, 거짓 隆 **륭** 높이다, 성하다, 두텁다 隊 **대** 대 階 **계** 섬돌, 사닥다리, 벼슬차례 隔 **격** 사이 뜨다 際 **제** 가, 때, 만나다 障 **장** 막히다, 장애 隣 **린** 이웃, 보필 隨 **수** 따르다 險 **험** 험하다 隱 **은** 숨다, 점치다

---

(5) 隶 밑 이, 미칠 이

會意字. 윗부분은 사람의 손을 의미하고 아랫부분은 짐승의 꼬리를 표시해, 뒤에서 손으로 꼬리를 잡는다는 의미에서 뒤에

미친다는 뜻으로 쓰인다.

기초 한자 - 1,800자 중 1 자

隷 례 종, 노예, 글씨 : 奴隷(노예), 隷屬(예속), 隷書(예서)

---

(6) 隹 새 추

象形字. 꽁지가 긴 큰 새인 鳥(새 조)와 구별해서 꽁지가 짧은 작은 새의 모양을 본뜬 글자이다.

기초 한자 - 1,800자 중 9자

集 집 모이다, 이루다 雅 아 우아하다, 바르다 雁 안 기러기 雌 자 암컷 雖 수 비록 雙 쌍 쌍 雜 잡 섞이다 離 리 떠나다, 흩어지다, 만나다 難 난 어렵다, 나무라다

---

(7) 雨 비 우

象形字, 하늘(一)의 구름(冂)에서 물방울이 주룩주룩 떨어지는 모양을 본뜬 글자로, 기상氣象의 대표인 비의 의미에서 확대

되어 기상과 관련된 의미로 쓰인다.

雨 우 비 雪 설 눈 雲 운 구름 零 령 떨어지다 雷 뢰 천둥, 치다 電
전 번개, 전기 需 수 구하다 震 진 벼락, 두렵다 霜 상 서리, 해 霧 무
안개 露 로 이슬, 드러나다, 나타나다 靈 령 신령, 혼백

---

(8) 靑 푸를 청

會意·形聲字. 싹이 돋아난다는 의미의 윗부분 生과 우물의
맑은 물의 의미인 아랫부분 井이 결합한 형태이다. 모두 맑은
푸른빛을 띠고 있어 푸르다는 의미를 나타낸다.

靑 청 푸르다, 대껍질 : 靑春(청춘) 靜 정 조용하다 : 靜肅(정숙)

---

(9) 非 아닐 비

象形字. 새가 두 날개를 펴고 하늘로 날아오르는 모습을 본

뜬 글자로, 앉아 있던 곳에서 반대로 날아가기 때문에 등진다
는 의미로 '반대하다, …아니다'로 의미가 확대되었다.

기초 한자 - 1,800자 중 1자

非 **비** 아니다, 어긋나다, 나무라다 : 似而非(사이비), 非一非再(비일비재)

┃ 9획 ┃

(1) 面 얼굴 면

象形字. 사람의 코 모양인 自에다가 위에 이마를 표시하고
양쪽 뺨(口)을 더해 전체 얼굴의 모양을 본뜬 글자이다.

기초 한자 - 1,800자 중 1자

面 **면** 낯, 면, 쪽, 만나다 : 四面楚歌(사면초가), 人面獸心(인면수심)

(2) 革 가죽 혁

象形字. 짐승의 가죽을 손질하여 가공한 형태의 모양을 본뜬

글자로, 가죽의 뜻을 지니고 있다가 손질하여 가공한 것으로 인해 '고치다' 등의 의미로 확대되었다.

기초 한자 – 1,800자 중 1자

革 혁 가죽, 고치다 : 皮革(피혁), 革命(혁명)

---

(3) 韋 가죽 위, 어긋날 위

會意字. 가운데 口는 특정 영역을 표시하고, 위아래에 서로 반대 방향으로 사람의 발을 더해 서로 어긋난다는 뜻을 지녔다. 후에 짐승의 가죽이 잘 말리고 구겨져 어긋난다 해서 가공한 부드러운 가죽의 뜻으로 사용되었다.

기초 한자 – 1,800자 중 1자

韓 한 나라이름 : 大韓民國(대한민국)

---

(4) 韭 부추 구

象形字. 땅(一)에서 자라고 있는 부추(非)의 모습을 본뜬 글자로, 식용식물이기 때문에 뽑고 자라는 것이 왕성함을 표시한다.

기초 한자 – 1,800자 중 해당 한자 없음

---

(5) 音 소리 음

指事字. 소리에 마디가 있음을 나타내어 言(立)에서, 아랫부분(口)에 가로선(一)이 더해져 말이 입 밖으로 나올 때 성대를 울려 소리를 냄을 표시한 것이다. 소리의 개념에서 사람의 소리는 聲(소리 성)으로 표현하고, 音은 악기나 금석金石·사絲·죽竹·토土·목木·혁革 등에서 나는 소리를 표현한다.

기초 한자 – 1,800자 중 3자

音 **음** 소리, 음, 소식 韻 **운** 운, 운치 響 **향** 울리다

---

(6) 頁 머리 혈

象形字. 사람의 목에서 머리(首) 끝까지의 모양을 본뜬 글자로, 위쪽은 이마와 머리, 아래는 턱과 목을 표시해 머리나 얼

굴의 의미로 본다.

기초 한자 − 1,800자 중 17자

頂 **정** 정수리, 꼭대기 頃 **경** 이랑, 잠깐 項 **항** 목덜미, 항 順 **순** 순하다, 좇다, 차례 須 **수** 수염, 잠깐, 모름지기 頌 **송** 기리다 頗 **파** 치우치다, 자못 領 **령** 옷깃, 목, 다스리다 頭 **두** 머리, 우두머리, 마리 頻 **빈** 자부, 찡그리다, 급하다 題 **제** 표제, 이마, 묻다, 품평 額 **액** 이마, 머릿수, 현판 顔 **안** 얼굴 願 **원** 바라다, 빌디 類 **류** 무리, 종류, 비슷하다 顧 **고** 돌아보다, 돌보다 顯 **현** 나타나다

---

(7) 風 바람 풍

形聲 · 象形字. 동물의 의미를 지니고 있는 蟲(벌레 충)과 음을 나타내는 凡(무릇 범)이 결합한 글자이다. 凡은 汎(뜰 범)으로 활용되어 동물이 깨어나 움직이는 것처럼 공기가 널리 퍼져 움직인다는 의미에서 바람이라는 뜻을 만들어낸다.

기초 한자 − 1,800자 중 1자

風 **풍** 바람, 가르침, 풍속, 경치, 모습 : 馬耳東風(마이동풍), 家風(가풍)

(8) 飛 날 비

象形字. 새가 양 날개를 펼치고 하늘을 나는 모양을 본뜬 글자이다.

기초 한자 – 1,800자 중 2자

飛 **비** 날다, 높다 : 流言蜚語(유언비어) 翻 **번** 날다, 나부끼다 : 翻譯(번역)

(9) 食 먹을 식

象形 · 會意字. 음식(皀)을 담는 그릇에 뚜껑까지 덮은 모양(亼)을 본뜬 글자이다. '음식물, 먹다, 밥' 등의 뜻으로 사용되며, 밥을 먹다는 의미로 사용될 땐 '사' 로 발음한다.

기초 한자 – 1,800자 중 10자

食 **식** 먹다, 먹이, 제사, 사 밥, 먹이다 飢 **기** 주리다, 흉년 들다 飮 **음** 마시다, 머금다 飯 **반** 밥, 먹다 飽 **포** 배부르다, 만족하다 飾 **식** 꾸미다 養 **양** 기르다, 다스리다, 봉양하다 餓 **아** 주리다 餘 **여** 남다, 나머지 館 **관** 객사, 묵다

(10) 首 머리 수

象形字. 털(≪)이 난 머리의 모양을 본뜬 것으로, 머리는 몸의 맨 위에 있기에 우두머리의 의미로 사용된다.

기초 한자 - 1,800자 중 1자

首 수 머리, 우두머리, 자백하다 : 首席(수석), 自首(자수)

(11) 香 향기 향

會意字. 고대의 대표적인 곡식 중의 하나인 기장(黍 : 기장 서)과 口(입 구) 혹은 甘(달 감)이 결합된 형태이다. 기장이 익으면서 나는 맛있는 냄새가 난다 하여 '향기'를 뜻한다.

기초 한자 - 1,800자 중 1자

香 향 향기 : 香爐(향로), 香氣(향기)

10획

(1) 馬 말 마

象形字. 세로로 표현한 말의 모양을 본뜬 글자로, 위가 머리이고 아래는 꼬리이며, 점은 네 발을 의미한다.

기초 한자 – 1,800자 중 8자

馬 **마** 말, 산가지 騎 **기** 말 타다, 기마, 기병 騷 **소** 떠들다, 근심하다 騰 **등** 오르다 驅 **구** 몰다, 쫓아 보내다 驗 **험** 시험, 경험하다, 보람 驛 **역** 역말, 정거장 驚 **경** 놀라다

(2) 骨 뼈 골

會意字. 윗부분은 살을 발라낸 후 서로 얽혀 있는 뼈의 모양이고 아랫부분(肉)은 고기로, 살이 붙은 뼈의 의미를 나타낸다.

기초 한자 – 1,800자 중 2자

骨 **골** 뼈 : 骨肉相殘(골육상잔) 體 **체** 몸, 사지, 모양 : 體育(체육)

(3) 高 높을 고

象形·指事字. 아랫부분의 안쪽 口는 누각에 들어가는 입구인 문을 표시한 것이며, 문보다 더 높이 누각을 쌓았기 때문에 높다는 의미를 지닌다.

기초 한자 - 1,800자 중 1자

高 고 높다 : 天高馬肥(천고마비), 高低長短(고저장단)

(4) 髟 긴머리털 표, 터럭 발

會意字. 왼쪽은 길다는 의미의 長(긴 장)의 고자古字이고, 오른쪽은 터럭(毛 : 터럭 모)을 의미하며, 둘이 결합하여 긴 머리털의 의미를 나타낸다.

기초 한자 - 1,800자 중 1자

髮 발 머리 : 理髮(이발), 頭髮(두발)

(5) 鬥 싸울 투

象形·會意字. 두 사람이 서로 마주 서서 머리카락을 움켜잡고 혹은 손을 마주잡고 싸우고 있는 모습을 본뜬 글자로, '다투다, 싸운다' 는 의미로 쓰인다.

기초 한자 - 1,800자 중 1자

鬪 **투** 싸움 : 戰鬪(전투), 鬪爭(투쟁)

---

(6) 鬯 울창주 창, 술 창

會意字. 울창주鬱鬯酒라는 제사나 연회에 사용하는 향기로운 술을 만드는 과정을 풀이한 글자이다. 큰 항아리 안에 기장과 울금초鬱金草라는 향초香草를 넣어 술로 만들고, 국자 혹은 숟가락(匕)으로 뜨는 모습을 묘사한다.

기초 한자 - 1,800자 중 해당 한자 없음

(7) 鬲 솥 력, 오지병 격

象形字. 윗부분의 一은 뚜껑을, 가운데 口는 솥의 위로 트인 입구를, 아랫부분은 몸통과 세 다리를 표현한 모양이다.

기초 한자 - 1,800자 중 해당 한자 없음

(8) 鬼 귀신 귀

象形·會意字. 위쪽 모양은 귀신의 머리 모양을, 아래는 사람(人)을, 오른쪽 모양(ㅿ)은 해친다는 뜻을 지닌 글자이다. 사람을 해치는 망령亡靈과 같은 귀신鬼神을 의미한다.

기초 한자 - 1,800자 중 2자

鬼 귀 귀신 : 鬼神(귀신) 鬼才(귀재)   魂 혼 넋 : 魂飛魄散(혼비백산)

(1) 魚 물고기 어

象形字. 세로로 놓여진 물고기의 모양을 본뜬 글자로, 윗부분은 머리, 가운데 田은 몸통과 비늘, 아래 灬은 갈라진 지느

11획

러미 모양을 표시한 것으로, 어류의 종류·명칭이나 물고기를 가공하여 만든 것 등의 의미로 활용된다.

기초 한자 - 1,800자 중 2자

魚 **어** 물고기 : 魚頭肉尾(어두육미)   鮮 **선** 생선, 신선하다, 드물다 : 生鮮(생선), 新鮮(신선)

---

(2) 鳥 새 조

象形字. 새의 머리부터 부리·날개·꼬리·다리 등을 모두 본뜬 글자로, 짧은 꽁지 새의 隹(새 추)와 구별하여 긴 꽁지 새를 의미했으나, 후에는 명확한 구분을 하지 않고 주로 여러 종류의 새의 명칭 등과 관련된 의미로 활용된다.

기초 한자 - 1,800자 중 6자

鳥 **조** 새   鳴 **명** 울다, 울리다   鳳 **봉** 봉새   鴻 **홍** 큰기러기, 크다   鶴 **학** 두루미   鷄 **계** 닭

(3) 鹵 소금밭 로

象形字. 그릇에 소금이 담겨 있는 모양을 본뜬 것으로, 소금뿐만 아니라 식물과 소금이 상극相剋이어서 식물이 자라지 않는 황무지나 거칠다는 의미로 쓰인다.

기초 한자 – 1,800자 중 1자

鹽 염 소금 : 鹽田(염전), 食鹽水(식염수)

---

(4) 鹿 사슴 록

象形字. 사슴의 머리 위 뿔부터 네 발까지의 모양을 본뜬 글자이다. 사슴과 관련하여 사슴의 종류나 사슴과 유사한 동물들의 명칭으로 쓰인다.

기초 한자 – 1,800자 중 2자

鹿 록 사슴 : 指鹿爲馬(지록위마)　麗 려 곱다, 맑다, 빛나다 : 華麗江山(화려강산)

(5) 麥 보리 맥

象形·會意字. 한 포기의 보리 대를 위의 싹으로부터 아래 뿌리까지의 모양을 본뜬 글자이다. 윗부분 來는 낱알 겉껍질에 붙은 수염이 있는 곡식의 이삭을 의미하고, 아래 夊는 뿌리의 모양이며, 다른 곡식과 달리 가을에 파종해서 다음해 초여름에 수확하는 작물이기에 보리를 뜻하게 되었다.

기초 한자 – 1,800자 중 1자

麥 맥 보리 : 麥酒(맥주), 麥飯(맥반)

---

(6) 麻 삼 마

象形·會意字. 바깥쪽 广은 집을 뜻하며, 안쪽 林는 삼실을 뜻하여, 껍질을 벗긴 삼을 햇빛에 말리려고 펼쳐놓은 모양을 본뜬 글자이다.

기초 한자 – 1,800자 중 1자

麻 마 삼, 마비하다 : 麻衣太子(마의태자)

(1) 黃 누를 황

象形·假借字. 가운데 田을 제외한 위와 아래 부분은 光의 옛 글자로, 가을 추수 무렵 밭의 빛깔을 상징하여 누런 황금색을 의미한다.

기초 한자 - 1,800자 중 1자

黃 **황** 누렇다 : 黃昏(황혼)

(2) 黍 기장 서

會意字. 윗부분은 곡식의 의미인 禾(벼 화)이고, 중간 부분은 人이며, 아랫부분은 雨를 간략하게 표현한 형태로, 술을 만드는 데 가장 좋은 곡식의 의미로 기장을 의미한다.

기초 한자 - 1,800자 중 해당 한자 없음

(3) 黑 검을 흑

會意字. 아랫부분은 炎(불꽃 염)으로 불을 지피는 모양이고,

윗부분은 窻(창 창)의 고자古字로, 불이 타올라 굴뚝에 연기가 나가거나 꺼멓게 그을려 있는 형상으로부터 검정색이나 검은 것과 관련된 의미로 활용된다.

기초 한자 – 1,800자 중 4자

黑 **흑** 검은빛   默 **묵** 잠잠하다   點 **점** 점, 켜다, 조사하다   黨 **당** 무리

---

(4) 黹 바느질할 치

象形字. 바늘에 꿴 실로 천이나 옷감(布) 무늬를 수繡놓은 모양을 본뜬 글자로, 자수刺繡을 놓거나 바느질과 관련된 의미로 활용된다.

기초 한자 – 1,800자 중 해당 한자 없음

(1) 黽 맹꽁이 맹

象形字. 개구리의 일종인 맹꽁이의 큰 두 눈에 배가 나온 모양을 본뜬 글자이다. 개구리과뿐만 아니라 개울가에서 사는 자라나 거미 등의 동물 명칭으로 활용된다.

기초 한자 – 1,800자 중 해당 한자 없음

(2) 鼎 솥 정

象形字. 발이 세 개 달리고 위에 귀도 두 개 달린 고대의 솥 모양을 본뜬 글자이다. 삼족기三足器는 왕위를 상징하여 존귀尊貴의 의미를 지니고 있다.

기초 한자 – 1,800자 중 해당 한자 없음

(3) 鼓 북 고

會意字. 오른쪽은 사람이 손(又)으로 나무막대 같은 북채를 잡은 모습이고, 왼쪽은 장식이 달린 큰북의 모양인데, 둘이 결합하여 손으로 북을 친다는 의미로 사용된다.

기초 한자 - 1,800자 중 1자

鼓 고 북 : 鼓舞(고무), 鼓手(고수)

---

(4) 鼠 쥐 서

象形字. 윗부분의 뾰족한 주둥이(臼)와 큰 앞니로부터 아랫부분의 배와 굽어 있는 등, 긴 꼬리 모양까지 쥐의 모양을 본뜬 글자이다.

기초 한자 - 1,800자 중 해당 한자 없음

▌ 14획 ▌

(1) 鼻 코 비

象形字. 윗부분 自는 코의 모양을 본뜬 것이며, 아랫부분은 코에 호흡을 시켜주는 모양을 본뜬 글자이다.

기초 한자 – 1,800자 중 1자

鼻 비 코, 시초 : 耳目口鼻(이목구비)

(2) 齊 가지런할 제

象形字. 곡식의 낱알들이 모두 똑같이 자라나 모두 가지런하게 자라 있는 모양을 본뜬 것으로 가지런함을 뜻한다.

기초 한자 – 1,800자 중 1자

齊 제 가지런하다, 엄숙하다, 제나라, (재) 재계하다, 상복

15획

(1) 齒 이 치

象形·形聲字. 입 안에 치아齒牙가 위아래로 여러 개 나 있는 모양을 본뜬 글자로, 후에 발음을 나타내는 止(그칠 지)가 위에 더해진 글자이다.

기초 한자 - 1,800자 중 1자

齒 **치** 이, 나이, 나란히 서다 : 齒牙(치아)

| **16획** |

(1) 龍 용 룡

象形字. 신비스러운 가상의 동물인 용의 모양을 형상화한 글자로, 머리를 치켜세우고(立) 몸뚱이(月)를 꿈틀거리며, 오르는 (飛) 모습을 형상화하였다.

기초 한자 - 1,800자 중 1자

龍 **룡** 용, 언덕, 임금 : 龍頭蛇尾(용두사미), 登龍門(등용문)

---

(2) 龜 거북 귀

象形字. 위에서 본 거북의 모양을 본뜬 글자로, 머리와 다리 · 꼬리 · 등껍질 등을 모두 나타내고 있다.

龜 귀 거북, 본뜨다, 구 땅이름, 균 터지다

| 17획 |

(1) 龠 피리 약

象形·會意字. 대나무 통을 여러 개 엮어 만든 악기 모양을 본뜬 글자이다. 안쪽의 口 세 개는 '여럿'이란 뜻이며, 위아래의 모양은 '다스리다'는 뜻을 지닌 侖(륜)으로, 둘이 결합하여 여러 소리를 다스려 조화롭게 소리를 냄을 의미한다.

5. 연습문제

練習문제

学과   이름

※ 다음 漢字語의 독음을 쓰시오.

1. 一流   (   )   2. 七旬   (   )
3. 丈人   (   )   4. 不幸   (   )
5. 丘陵   (   )   6. 丸藥   (   )
7. 丹楓   (   )   8. 乘客   (   )
9. 亂離   (   )   10. 亞流   (   )

※ 다음 (   )에 맞는 漢字를 쓰시오.

1. 오늘은 입춘(   )입니다.
2. 대한민국을 줄여서 한국(   )이라고 부릅니다.
3. 우리 아버지는 공무원(   )입니다.
4. 우리 집안에서는 누나가 장녀(   )입니다.
5. 저는 정보통신학과(   ) 2학년입니다.

※ 다음 뜻을 보고 그에 합당한 단어를 골라 보기에서 적으시오.

1. 낮은 계급, 아래 계급 (   )

   보기 - 下去, 下部, 下級, 下女

2. 물기가 없음 (   )

   보기- 乾草, 乾空, 乾茱, 乾燥

3. 사람의 됨됨이, 인격 (   )

   보기- 人品, 人間, 人類, 人智區

4. 약속을 지킬 것을 믿음 (   )

   보기- 信念, 信用, 信義, 信仰

5. 개개인의 특성 (   )

   보기- 個人, 個性, 個別, 改造

※ 다음 漢字語의 독음을 쓰고 단어의 뜻을 쓰시오.

1. 頭角 (:   )

2. 得失 (:   )

3. 等級 (:   )

4. 登庸 (:   )

5. 滿期 (:   )

※ 다음 漢字의 부수를 쓰시오.

1. 未 (부,   획)   2. 排 (부,   획)

3. 米 (부,   획)   4. 輩 (부,   획)

5. 尾 (부,   획)   6. 白 (부,   획)

練習문제

학과　　　　　　　이름

※ 다음 漢字語의 독음을 쓰시오.

1. 亨通　　　（　　）　　　2. 亭閣　　　（　　）

3. 令狀　　　（　　）　　　4. 付託　　　（　　）

5. 代理　　　（　　）　　　6. 企業　　　（　　）

7. 伏兵　　　（　　）　　　8. 討伐　　　（　　）

9. 休暇　　　（　　）　　　10. 干戈　　　（　　）

※ 다음 (　　)에 맞는 漢字를 쓰시오.

1. 비행기는 공중(　　　)을 날아다닙니다.

2. 우리나라 산천(　　　)은 아름답습니다.

3. 그 지방은 산림(　　　)이 울창합니다.

4. 노인은 수족(　　　)이 마비되었습니다.

5. 저는 산업자원부(　　　　)　직원입니다.

※ 다음 뜻을 보고 그에 합당한 단어를 골라 보기에서 적으시오.

1. 사물을 잘 잊어버림 (　　　)

　　보기 - 健康, 健忘, 健全, 側面

2. 특별히 잘 대우함 (　　　)

보기- 儉素, 優待, 優雅, 儀典

3. 고요히 눈을 감고 생각함 (   )

　　보기- 冥福, 冥想, 名相, 明朗

4. 사리를 따져 가려냄 (   )

　　보기- 分離, 分割, 分別, 切斷

5. 얼어 죽음 (   )

　　보기- 凍結, 凍足, 凍死, 解凍

※ 다음 漢字語의 독음을 쓰고 단어의 뜻을 쓰시오.

1. 慢性 (:   )

2. 蔓延 (:   )

3. 蠻勇 (:   )

4. 滿潮 (:   )

5. 抹殺 (:   )

※ 다음 漢字의 부수를 쓰시오.

1. 美 (부,   획)　　　2. 百 (부,   획)

3. 眉 (부,   획)　　　4. 伯 (부,   획)

5. 微 (부,   획)　　　6. 栢 (부,   획)

학과   이름

※ 다음 漢字語의 독음을 쓰시오.

1. 住居 　　(　　) 　　　2. 佛教 　　(　　)

3. 佳人 　　(　　) 　　　4. 侍女 　　(　　)

5. 供給 　　(　　) 　　　6. 保證 　　(　　)

7. 居處 　　(　　) 　　　8. 修理 　　(　　)

9. 個性 　　(　　) 　　　10. 借款 　　(　　)

※ 다음 (　　)에 맞는 漢字를 쓰시오.

1. 세상에서 가장 귀중한 것은 생명(　　)입니다.

2. 비가 그치고 동시(　　)에 무지개가 떴습니다.

3. 모든 일에는 선후(　　)가 있어야 합니다.

4. 누나는 외출(　　)하고 집에 없습니다.

5. 그 집 주인(　　)은 여행을 떠났습니다.

※ 다음 뜻을 보고 그에 합당한 단어를 골라 보기에서 적으시오.

1. 자기의 욕심, 충동, 감정 등을 이성적인 의지意志의 힘으로
   눌러 이기는 것 (　　)

　보기- 克己, 剋期, 極忌

2. 뿌리와 줄기, 중요한 기본 (   )

　　보기- 勳懇, 近刊, 近間, 根幹

3. 언행을 삼가서 조심함 (   )

　　보기- 勤愼, 近臣, 近信. 謹身. 謹愼

4. 날짐승과 길짐승, 모든 짐승 (   )

　　보기- 禽獸, 金數, 禁輸, 錦繡

5. 바라는 바가 이루어지도록 신불에게 빔 (   )

　　보기- 企圖, 祈禱, 氣道, 冀圖, 氣度

※ 다음 漢字語의 독음을 쓰고 단어의 뜻을 쓰시오.

1. 忘却 (:   )

2. 罔極 (:   )

3. 亡命 (:   )

4. 妄言 (:   )

5. 賣却 (:   )

※ 다음 漢字의 부수를 쓰시오.

1. 民 (부,   획)　　　　2. 番 (부,   획)

3. 敏 (부,   획)　　　　4. 煩 (부,   획)

5. 憫 (부,   획)　　　　6. 繁 (부,   획)

練習문제

학과   이름

※ 다음 漢字語의 독음을 쓰시오.

1. 偶然 (   )   2. 光明 (   )

3. 競賣 (   )   4. 公正 (   )

5. 典當 (   )   6. 冊床 (   )

7. 冠禮 (   )   8. 冥想 (   )

9. 分割 (   )   10. 別世 (   )

※ 다음 (   )에 맞는 漢字를 쓰시오.

1. 차도에는 자동차(   )만 다닙니다.

2. 온 천지(   )를 눈으로 덮었습니다.

3. 오전에는 수업(   )이 없습니다.

4. 오늘은 우리 학교 개교(   ) 기념일입니다.

5. 그는 시간(   )을 잘 지키지 않습니다.

※ 다음 뜻을 보고 그에 합당한 단어를 골라 보기에서 적으시오.

1. 남을 그럴 듯하게 속임 (   )

    보기- 奇戀, 欺滿, 幾萬, 欺瞞

2. 세력이 성하였다 쇠하였다 함 (   )

보기- 忌服, 奇服, 起伏, 起福, 起復

3. 강제로 얽어매어 자유를 빼앗음 (　　)

　보기- 氣速, 羈束, 羈屬

4. 굶주림 (　　)

　보기- 棄兒, 飢餓, 饑餓, 畸兒

5. 기록하여 실음 (　　)

　보기- 奇才, 記載, 器材. 機才

※ 다음 漢字語의 독음을 쓰고 단어의 뜻을 쓰시오.

1. 媒介體 (　　:　　　　　　　　　)

2. 煤煙 (　　:　　　　　　　　　)

3. 埋葬 (　　:　　　　　　　　　)

4. 盲信 (　　:　　　　　　　　　)

5. 勉勵 (　　:　　　　　　　　　)

※ 다음 漢字의 부수를 쓰시오.

1. 密 (부,　획)　　　　2. 飜 (부,　획)

3. 蜜 (부,　획)　　　　4. 伐 (부,　획)

5. 朴 (부,　획)　　　　6. 罰 (부,　획)

練習 練習문제

※ 다음 漢字語의 독음을 쓰시오.

1. 利用 (　　)
3. 勇士 (　　)　　　　　4. 募集 (　　)
5. 區內 (　　)　　　　　6. 看板 (　　)
7. 只今 (　　)　　　　　8. 古木 (　　)
9. 吐露 (　　)　　　　　10. 同志 (　　)

※ 다음 (　　)에 맞는 漢字를 쓰시오.

1. 그는 노모(　　　)를 모시고 삽니다.
2. 한자검증시험은 토요일(　　　　)에 치릅니다.
3. 우리나라는 민주국가(　　　　)입니다.
4. 청소년(　　　　)은 나라의 기둥입니다.
5. 동구(　　　) 밖에 과수원이 있습니다.

※ 다음 뜻을 보고 그에 합당한 단어를 골라 보기에서 적으시오.

1. 기본이 되는 토대 (　　)

　　보기- 基礎, 起草, 期初, 奇草

2. 먹거나 마시거나 피우는 물질을 즐기고 좋아함 (　　)

　　보기- 旗號, 饑戶, 記號, 嗜好, 畿湖

3. 모임, 식장 등에 공식적인 초대를 받고 찾아온 손님 (　　)

　　보기- 內賓, 來賓, 耐貧

4. 국내에서의 수요, 민간과 정부의 의한 수요 (　　　)

　　보기- 內水, 內袖, 耐水, 內需

5. 일정하게 구분된 지역 (　　　)

　　보기- 狗疫, 嘔逆, 居住, 舊域, 區域

※ 다음 漢字語의 독음을 쓰고 단어의 뜻을 쓰시오.

1. 明渡 (　　:　　　　　　　　　　)
2. 冥福 (　　:　　　　　　　　　　)
3. 名譽 (　　:　　　　　　　　　　)
4. 謀叛 (　　:　　　　　　　　　　)
5. 模倣 (　　:　　　　　　　　　　)

※ 다음 漢字의 부수를 쓰시오.

1. 泊 (부, 획)　　　　2. 凡 (부, 획)

3. 拍 (부, 획)　　　　4. 犯 (부, 획)

5. 博 (부, 획)　　　　6. 汎 (부, 획)